中小企業を成長に導く

スモールM&A戦略

Small M&A Strategy

栗山茂也
KURIYAMA SHIGEYA

幻冬舎MC

中小企業を成長に導く

スモールM＆A戦略

はじめに

人工知能（ＡＩ）やロボットによる自動化などビジネスの世界は目まぐるしく、顧客のニーズも常に変化しています。そうしたなか、多くの企業が規模にかかわらず、事業拡大や経営リスクの分散を目的として新たな事業創出に取り組んでいます。しかし、新規事業をゼロから立ち上げ、新たな収益の柱へと育てることは簡単ではありません。

特に中小企業であれば資金も限られており、また新規事業の立ち上げに必要となるスキルやノウハウの面においてもリソースが不足しがちです。実際、新規事業の取り組みに関する経済産業省の調査データを見ると、新規事業展開を行った企業のうち成功していると回答したのは3割ほどであり、多くの企業が苦戦している実態がうかがえます。

このように新規事業の立ち上げはハードルが高いなかで、中小企業が成長していくにはどうすべきか――。私が有効手段の一つとして考えているのが、譲渡価格数百万という規模の企業・事業を選び、成長を見据えたM&Aを繰り返していく「スモールM&A戦略」です。

そもそもM&Aの主なメリットは、事業の立ち上げや成長にかかる時間を大幅に短縮できる点です。ゼロから新規事業を立ち上げた場合、経営を軌道に乗せ、一定の規模にまで成長させるには長い月日がかかります。しかしM&Aであれば、売り手側が保有する事業所や設備、商品のほかに人材、取引先などをそのまま取り込むことができるため、大幅な時間カットが可能なのです。

そして「スモールM&A」では、譲渡価格はいずれも数百万円から高くても1000万円ほどなので、中小企業の経営者でも手を出しやすい金額のものばかりです。そうした資金面の問題も解消しやすく、さらにディール（売買・取引のこと）成立までのスピード感もあることなどがメリットに挙げられます。

私は30歳で現在の会社を設立し、不動産業をメインに手掛けながら5年前から本格的にスモールM&A戦略による事業買収に取り組み始めました。現在携わっている事業内容は不動産業のほかにリフォーム、地盤調査、地盤改良工事、自動車販売、レンタカー、飲食事業と多岐にわたります。ここ数年で5つもの会社・事業を買収した結果、グループ全体の売上は5倍、人員は10倍以上に増大させることができました。

スモールM&A戦略において特に重要なのは、「買えるならどんな会社・事業でもいい」というわけではなく、磨けば美しく光る「ダイヤの原石」を確実に見抜くことです。またM&Aは、会計、税務の面でも専門的な知識が必要になりますが、この戦略ならではの適正な買収価格の見極め方、銀行から資金を借り入れる方法なども知っておく必要があります。さらに買収後は、ダイヤの原石を「磨いて光らせる」マネジメントをしっかりと行っていかなければなりません。

本書では、スモールM&A戦略のメリットやノウハウについて網羅的に解説します。すべての中小企業経営者、起業志望者にとって、この一冊がそのヒントになれば、著者として望外の喜びです。

目次

Chapter 1

小さな「苗木」を買って育てる――。
「スモールM&A」は中小企業の成長を加速させる

Chapter 2

押さえておくべきM&Aの基本

「スモールM&A」の第一歩!

Chapter
3

譲渡価格数百万円でも「ダイヤの原石」は見つかる！

M&Aで重視すべきは「やりたいこと」よりも、
ビジネスとしての成長可能性――。

Chapter 4

金融機関を味方につける！

「スモールM&A」における資金調達方法

Chapter 5

「ダイヤの原石」を磨く!
「スモールM&A」に欠かせない買収後のマネジメント

Chapter

1

小さな「苗木」を買って育てる──。

「スモールＭ＆Ａ」は
中小企業の成長を加速させる

我が世の春を謳歌《おうか》する大企業と、苦境にあえぐ中小企業

2024年2月、日経平均株価が1989年のバブル時の3万8915円87銭を超え、史上最高値を更新しました。これは、実に34年ぶりの高値更新でした。

その後も、日経平均株価は上昇を続け、3月末には4万円の大台に乗り、折しも、同年1月からスタートした「新NISA（少額投資非課税制度）」を利用して新しく株式市場に参加した個人投資家は、さっそくの上昇相場に沸き立ちました。

この34年ぶりの最高値更新の背景には、コロナ明けの経済再開、史上最高値を更新しているアメリカ株式市場の好調や、円安効果による国内輸出関連企業の好業績などの要因があるといわれています。上場企業の全体で稼ぐ力が高まっており、2024年3月期の上場企業の最終利益は、3期連続で過去最高を更新する見通しだと報じられています（2024年2月16日「日本経済新聞」）。

しかし、このように我が世の春を謳歌しているのは、あくまで企業全体から見れば0.1%程度の上場企業や、それに準じる大手企業に限った話です。中小企業にはまだその春は訪れていません。中小企業の経営者で「最近は景気が良くて、事業が絶好調」だといえる人

は少ないと思います。実際、厳しい経営状況にあることは、休廃業件数や倒産件数の増加に表れています。

コロナ禍が発生した2020年以降、企業の休廃業・解散や、倒産の件数は減少傾向にありました。これは、いうまでもなく、ゼロゼロ融資をはじめとした政府の金融・財政支援策により、業績の厳しい中小企業も、いわば延命処置を施されていた状態だったためです。

ところが、多くの企業で3年間に設定されていたゼロゼロ融資の据置期間が過ぎる2023年からは、延命装置が外された状態となったため、企業の休廃業・解散や倒産が急増しています。

帝国データバンクの「全国企業『休廃業・解散』動向調査（2023）」によれば、2023年の企業の休廃業・解散件数は4年ぶりに前年比10％増と上昇し、コロナ禍前の2019年とほぼ並ぶ5万9105件となりました。

同じく帝国データバンクの「全国企業倒産集計2023年報」によれば、2023年の企業倒産は前年比で実に33％も増加し、8497件となりました。この増加率は、1990年のバブル崩壊後、最も高い数字です。またこの件数は、2015年以来となる高い数字です。

さらに特筆すべきは、調査対象となる7業種と9つの地域のすべてで、前年の倒産件数を上回っていることです。これはいずれも15年ぶりです。つまり、業種と地域を問わず、倒産が激増しているのです。

「休廃業・解散」件数推移（2016 年〜）

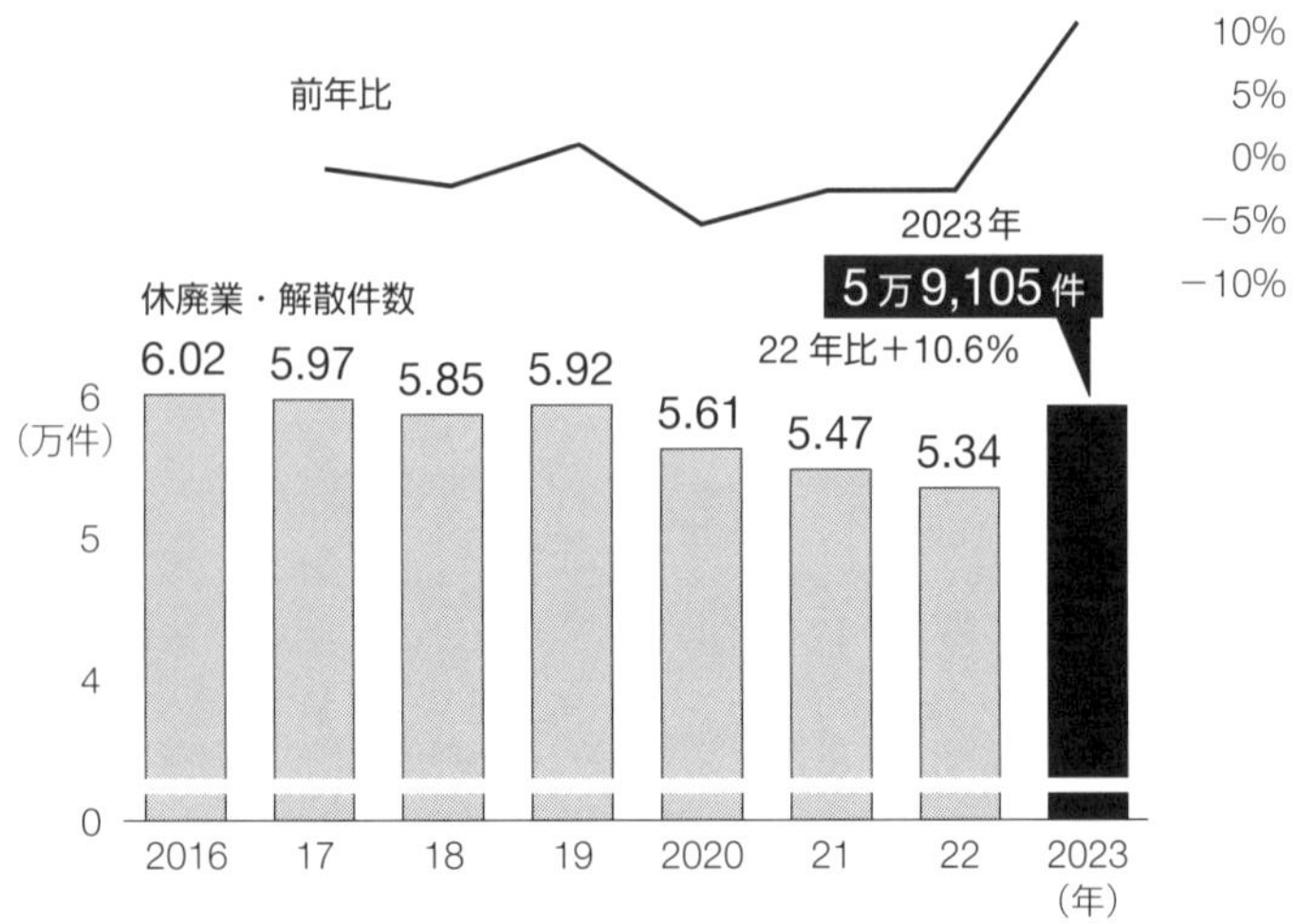

出典：帝国データバンク「全国企業『休廃業・解散』動向調査（2023）」

休廃業、倒産の増加は、２０２４年にいっそう加速すると見込まれています。その理由はいくつかありますが、そのうちの一つは、２０２４年３月に日銀のマイナス金利政策が解除され、２０１６年以来続けられてきた異次元緩和政策が修正されたことです。今後、金利のある世界が復活し、企業融資金利上昇により、財務的な圧力が強まっていくことになります。

また、金融庁による金融機関向けの監督指針が改定され、以前は返済条件変更、いわゆるリスケジューリングの要請に柔軟に対応してきた金融機関も、今後はそれを拒否する可能性が高まっています。

倒産件数の推移

年別倒産件数

年	件数	前年比（%）
2014	9,180	▲ 11.1
2015	8,517	▲ 7.2
2016	8,164	▲ 4.1
2017	8,376	2.6
2018	8,063	▲ 3.7
2019	8,354	3.6
2020	7,809	▲ 6.5
2021	6,015	▲ 23.0
2022	6,376	6.0
2023	8,497	33.3

月別倒産件数（2023 年）

2023 年	件数	前年同月比（%）
1 月	546	13.3
2 月	574	34.1
3 月	800	36.3
4 月	610	25.3
5 月	694	34.2
6 月	782	43.8
7 月	701	40.5
8 月	742	50.5
9 月	679	16.5
10 月	790	33.0
11 月	773	35.6
12 月	806	36.1

年別件数推移

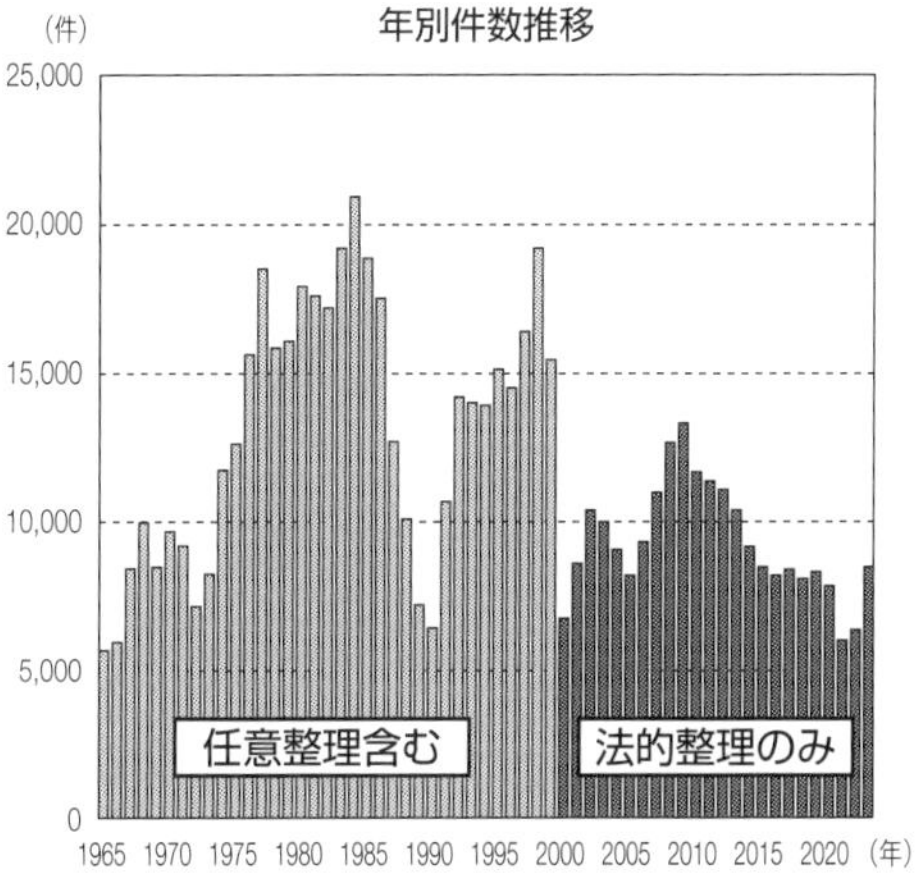

※ 1999年以前の件数は任意整理による倒産を含んでおり、参考値として掲載

出典：帝国データバンク「全国企業倒産集計 2023年報」

さらに、人手不足と円安問題が追い打ちをかけます。２０２４年４月から、建設業や運輸業、医療機関などに、それまで猶予されていた時間外労働の上限規制が適用されることとなる「２０２４年問題」と、同年４月に一時１ドル１６０円を超えた急速な円安が、中小企業を窮地に追い込みます。

これらの理由により、２０２４年の倒産件数は、１万件の大台に乗るのではないかという見方が有力になっています。大倒産時代が到来するのです。

中小企業こそ、成長を続けていかなければ生き残れない

そのような厳しい状況のなかで、中小企業が生き残っていく方法は、一つしかありません。それは常に事業を成長させ、売上・利益を伸ばしていくことです。逆にいえば、成長を目指さずに現状維持でよしとする姿勢は、衰退、ひいては廃業へと至る道でしかありません。それゆえ、中小企業の経営者は、必ず会社の成長を目指すべきだというのが、私の持論です。

その理由の一つは、市場においては常に競合他社が存在し、競争のなかで事業を行わなければならないためです。自社が現状維持のままであるとき、同じ市場に存在する競合他社が自社よりも成長すれば、その分、自社の収益が減っていくことになります。経営資源や資産が少ない中小企業が縮小する市場で生き残るためには、成長を求め続けるほかないのです。

2つ目の理由は、事業を取り巻く環境が常に変化し、顧客や取引先が求めるニーズが変わっていくからです。

現代の社会の特徴を表すものとしてVUCA（ブーカ）という言葉が使われることがあります。

VUCAとは、Volatility（変動性）、Uncertainty（不確実性）、Complexity（複雑性）、Ambiguity（曖昧性）の頭文字を取った言葉で、世の中が短期間で複雑に変化し、その予測が

難しい状況を表しています。つまり、環境変化の速度が、以前に比べても速く、しかも複雑な変化になっているといえます。事業環境の変化に対応するために事業を変化させていくことが、これまでよりさらに大変になっているのです。

新規事業を育てられる企業が強いことはデータからも明らか

大企業が強いのは、単に豊富な経営資源や資産を持っているからということだけではありません。その資源を使って、常に新しい事業のタネを蒔《ま》き、苗木を育てているために、環境変化に対応できる力を持っているのです。もちろん、それらの中にはうまく育たずに枯れてしまうものもあります。しかし、数十本の苗木から、数本が大樹に育てば、それが次の時代の柱になって大きな収益を生むのです。

例えばAmazonは、最初はオンライン書店のビジネスでした。そのオンライン書店の利便性を高め拡大させていくのと同時並行で、実に多くのビジネスのタネを蒔いていたのです。その中から、ＥＣのバックボーンを支えるサーバを貸すＡＷＳ（Amazon Web Services）というビジネスが大きく成長し、今ではＡＷＳがAmazonのメインの収益源になっています。

ちなみに、既存のビジネスを成長させながら、新規事業のタネを蒔き、育てていくというモデルを解説した『両利きの経営』（チャールズ・A・オライリー他、東洋経済新報社）という本が2019年にベストセラーになり、「両利きの経営」という言葉がバズワードにもなっています。

同書は大企業について分析したものですが、考え方自体は中小企業でも通用します。そのことを示す調査データが、野村総合研究所が中小企業庁からの委託により実施した「中小企業・小規模事業者の成長に向けた事業戦略等に関する調査に係る委託事業 事業報告書」（2016年度）です。同調査では、新規事業に取り組み、成功した企業と成功しなかった企業との、経常利益率の変化の違いが記されています。

新規事業に成功した企業のうち51・4％が経常利益が増加しているのに対し、成功していない企業では、30・2％しか増加していません。また、経常利益の減少について見ると、新規事業に成功した企業のうち経常利益が減少している割合は18・2％ですが、新規事業に成功していない企業では28・7％になっています。

つまり、新規事業の成功と、利益の増加ははっきり相関していることが分かります。企業が生き残るためには、なによりも利益が必要です。その点からも、新規事業展開が不可欠であることが分かります。

新規事業を常に育てて成長させていかなければ、生き残りは難しいのです。

成功確率の低い新規事業には、スモールM&Aで取り組む

「理屈は分かるけど、新規事業を育てるなんて、簡単ではないよ」

そんな、中小企業経営者の声が聞こえてきそうです。その気持ちは痛いほど分かります。私自身、いくつも新規事業に挑戦しては失敗してきた経験があるからです。新規事業をもちかけてきた知人に騙《だま》されて、お金だけを失ったこともありました。そのような経験があるからこそ、読者にはぜひ失敗を避けてほしいと願っています。

しかし実際のところ、新規事業を起こして100%成功する方法は、残念ながらありません。というより、ゼロから新規事業を起こす場合は、失敗する可能性のほうがずっと高いのです。「中小企業・小規模事業者の成長に向けた事業戦略等に関する調査に係る委託事業 事業報告書」によると、新規事業展開への取り組みを実施した中小企業のうち、その取り組みが「目標を達成でき成功した」と回答している企業は、全体の26・9%しかありません。

新規事業に取り組んでそれが成功したと断言できる企業が全体の3割に満たないというデータからは、やはり新規事業を成功させることは、容易ではないことがうかがい知れます。

資金はもちろん、人材、信用力、ブランド力など経営資源が総合的に豊富な大企業の場合

は、多くのタネを蒔き、いくつもの事業を並行して育てていくことで、この成功確率の低さを補っています。しかし経営資源の少ない中小企業がそれをまねして、下手な鉄砲をたくさん撃つわけにはいきません。

失敗を恐れて手をこまねき、現状維持に徹しているだけでは、会社は衰退へと向かっていく。しかし、新規事業を成功させることは難しい……。

この矛盾した状況を解決する方法が、本書のテーマとなる「スモールＭ＆Ａによる事業買収」なのです。中小企業・個人が買い手となる場合、最も小さい規模からのＭ＆Ａが対象となります。これを本書では「スモールＭ＆Ａ」と呼びます。

「スモールＭ＆Ａ」という言葉にはっきりした定義はありません。本書では、譲渡対価がおおむね１０００万円以下のＭ＆Ａを念頭においています。１０００万円という数字の根拠ですが、個人でも比較的用意しやすい金額であり、また、万一失敗した場合でも、リカバリーができるキリのいい数字ということで、目安になると考えられるからです。

もちろん、これが３０００万円や５０００万円のＭ＆Ａになったらまったく別のやり方になるというわけではありません。あくまで目安としてとらえたほうがよいです。

スモールＭ＆Ａを利用することにより、失敗したときに受ける痛手も抑えながら、成長のタネを蒔くことができます。

M&Aのメリット、デメリット

企業が新規事業に取り組む際、M&Aを活用することで有利になる理由は、①ビジネスモデルが成立している、②顧客開拓、マーケティングなどの費用が少なくて済む、③最初から売上が立つ、④入手しにくい経営資源が手に入る、という4点にまとめられます。

①ビジネスモデルが成立している

何を仕入れたり作ったりして売るのか、どんな市場で、誰を顧客とするのか、どの時点でどれだけの収益を得るか、といった事業の構造のことをビジネスモデルといいます。

新規事業の失敗の多くは、成立すると考えていたビジネスモデルが成立しなかったということによります。実際の事業は、始める前に想定していたビジネスモデルどおりに動くことのほうが少ないのです。

一方、M&Aにより、収益を上げている実績のある事業を買う場合、そのビジネスモデルが成り立つことが、すでに証明済みということです。そもそもビジネスが成り立たないのではないかという不確実性がありません。

しっかりと黒字を出している事業を買い、M&A後も同じ環境で同じビジネスモデルで事業を行えば、収益にいくらかの減額は生じるにしても（これはほぼ確実に生じます）、赤字になるということは、通常考えられません。

ただし、赤字企業をM&Aで買収して黒字に立て直そうとする場合は話は別です。そのような場合は、ゼロから新規事業を起こすのと同じような、場合によってはそれ以上の難しさがあると考えるべきです。

②顧客開拓、マーケティングなどの費用が少なくて済む

新規事業で難しいのは、初期の顧客開拓です。新規事業は実績がなく、信用やブランド力もないため、製品やサービスの質が良かったとしても、最初にそれを知ってもらい、利用してもらうハードルが高いのです。顧客を開拓し定着させることには、多大な手間と費用がかかります。

しかし、M&Aでの買収なら、BtoB業態の場合であれば既存の取引先、BtoC業態であれば既存の顧客を引き継ぐことができるので、初期の営業開拓プロセスやマーケティング費用も不要です。

③最初から売上が立つ

②とやや似ていますが、新規事業の場合、事業内容によっては売上がなく費用だけがかかる

期間が、それなりに生じてしまうケースがあります。例えば店舗で行う事業なら、不動産業者を回って物件を探し、不動産賃貸契約、内装デザイン、内装工事、スタッフの採用や教育、といった営業準備段階で、どんなに短くても3～4カ月は必要です。その間は、費用が出ていくだけで売上は立ちません。

ところが、M&Aで買収した場合、その翌日から売上が立ちます。

仮に、売上目標が月200万円、費用が月100万円ということを見込んでいる規模の店だとして、準備に4カ月かかるとします。新規事業は4カ月で400万円のマイナスです。一方、買収した店なら、4カ月で400万円のプラス（売上－費用）です。その差は800万円にもなります。

仮に、1000万円を支払ってM&Aをしたとしても、この新規事業との差によって埋め合わせることができると考えられます。

④入手しにくい経営資源が手に入る

店舗ビジネスで成功するために最も重要な要素は立地です。優良な立地は希少性があるので、一度テナントが入るとなかなか空きが出ません。お金があっても、入手したくてもできないのが、立地という希少資源なのです。しかしM&Aでは、それが入手しやすくなる時期があります。その端的な例がコロナ禍がピークだった2021年から2022年頃でした。この時期は、駅前の一等地でもコロナの影響によりM&Aで売却して撤退する店が、たくさんありました。私自身も、その時期に沖縄の国際通りの一等地でバーを買収しました。

M&Aプラットフォームを見ていると、単なる居抜き物件の譲渡という案件も見られます。事業の譲渡という意味でのM&Aといえるのかどうか、やや疑問も感じますが、しかしその場所が一等地であるなら、十分検討に値すると思います。

また業界によっては、事業を行うために行政からの許認可や、業界内での取引に参加する権利のようなものが必要になることがあります。それらの中には「既得権益」化していて、新規参入者が許認可や権利を取得しようとしても、非常に難しいという場合があります。典型的な例は、病院の病床（ベッド）です。

M&Aで法人を買えば、法人が持っている許認可や権利は、基本的に、包括的に承継することができます。許認可や権利を取得した主体は法人であり、法人の所有者（株主）ではないため、所有者が変更されても、法人に与えられた権利は変更されないことが一般的だからです（ただし、例外もあるため注意が必要）。

このような権利を目的にM&Aにより会社を買収することは珍しくありません。実は、私が最初に買収した地盤調査会社も、半分はそれが目的でした。

次に、M&Aのデメリットや注意点についても触れておきます。

① 買収費用、その他費用がかかる

最近はM&Aの買い手が増えているため、業績の良い会社や事業の場合、その本質的な価値から見て、かなり割高な価格が提示されている案件が多くなっています。したがって、価格が価値に見合うのか、慎重に検討する必要があります。

買収代金以外にも、M&A仲介会社（M&Aプラットフォームを含む）に支払う手数料がかかります。これはM&A仲介会社ごとに異なりますが、アドバイザーが介在する場合は、それなりに高額な費用になります。

しかし、特に初めてM&Aによる買収をする人には、M&A仲介会社を介さずに取引することは、リスクが高いのでおすすめできません。そのため、この費用はどうしても必要になります。

② 買収前に聞いていた話と違う状態のことがある

M&A仲介会社を介していると、売り手に対してある程度の調査を行ってくれます。しかし、売り手が意図的に隠していたり、過失で知らせなかったりしたことなどを完全に調べるのは、デューデリジェンス（買収監査）でも困難です。また、スモールM&Aの場合はデューデリジェンスを行わないこともよくあります。

そのため、実際に運営を始めてみると、取引前に聞いていた話と違っていたと感じるリスクはあります。

③ 収益が落ちる

M&A前に黒字運営していた事業や会社でも、M&A後は、ほぼ間違いなく収益が落ちます。例えば、月に100万円売り上げていた店舗であれば、それが70万~80万円になるという具合に、2~3割は売上が落ちることが普通です。

BtoCビジネスだけではなくBtoBビジネスでも同様で、取引先のうち何社かとの取引がなくなるということはあります。

これは「店長の○○さんがいるから、その店に行こう」とか、「社長の○○さんとの付き合いがあるから納入していた」といった、属人的なつながりによって得られていた売上の一部が剥落するためです。

M&A買収を活用している中小企業の成功例

「中小企業白書」2024年版に掲載されている事例を参考に、実際にM&A買収を用いて会社の成長を実現させている中小企業を見てみましょう。

長野県にある長野テクトロン株式会社は、コンピュータ関連の部品製造を手掛ける製造業です。従来は「利益率重視で事業規模の拡大は追わない」という方針で経営されてきました。しかし、事業承継を経て就任した2代目社長は、「企業の永続的な繁栄には、緩やかに売上を伸ばしながら利益や付加価値を高めることが重要」だとして、M&Aを活用した拡大路線に舵《かじ》を切ります。

従来の部品（ハードウェア）製造とシナジーのあるソフトウェア会社をM&A買収して、新たな収益の柱としました。これを皮切りに、8件の会社と、7件の事業買収を行い、急速に業容を拡大しました。

そして、当初のハードウェア、ソフトウェア分野から、医療、介護、フィットネス、飲食、小売などへと事業領域を広げ、グループ全体の売上高を、6億円（2018年）から27億円（2023年見込み）へ拡大させています。

スモールM&Aというよりは、中規模の事例となりますが、M&A買収を成功させれば、短期間で、何倍にも売上を拡大できる好例です。

スモールM&Aは、個人の起業にもぴったり

スモールM&Aは、決して中小企業だけのものではありません。

個人事業主やフリーランスの人も活用できます。また、会社員が会社を辞めて起業する、い

わゆる脱サラのケースでも、スモールM&Aを利用することができます。

中小企業経営者が新規事業展開に取り組む場合、新規事業とはいえ経営そのものに対する経験値はあります。ところが、それまで会社員だった人が脱サラをして起業する場合は、そうではありません。会社という組織の一員として働くことと経営者として会社や事業のすべてを率いることとは、まったく別の枠組みでの仕事になるからです。「思う存分働いて、どこまでも成長したい」と望むのなら、会社員ではなく、経営者や個人事業主の道もあるのです。

特別な才能がある天才は別として、普通の人が大きな成功を成し遂げるには、時間をかけるしかありません。このことを示しているのが、「ランチェスター 時間の法則」です。

この法則は、才能がない弱者でも、時間をたくさんかけて努力すれば、才能がある強者を凌《りょう》駕《が》する成功を収めることができることを示しています。

そして、ハードに働いて事業を成功させれば、その見返りとして会社員では決して得ることができない、金銭的な対価を得られる可能性もあります。その意味で、起業家には「夢」があります。

しかし、会社員がゼロから経営を始めることはチャレンジングな面白さや夢がある半面、分からないことだらけになる難しさにも直面します。例えば、ビジネスモデルの構築もそうですし、顧客を獲得するためのマーケティング、スタッフの採用や教育など、まったく経験したことないことばかりです。

もちろん、前職で経験があり、その経験を活かして起業をしようという人もいるだろうと思いますが、会社の看板を背負って行う仕事と、ゼロから実績を作っていく起業とでは難度がまったく異なるのです。

その点で、すでにビジネスモデルも確立し、顧客もついている事業をスモールM&Aで買収して経営の道に進むことは、成功確率を高めるのにぴったりの方法だと思います。

現在ではM&Aを巡る環境が整備されました。手軽にできるとはいいませんが、資金面でのハードルも以前よりずっと低くなっています。やる気さえあれば、経営が未経験の個人であっても、M&Aで経営をスタートできます。

中小企業が参加できるM&A市場は拡大している

「スモールM&Aによる事業買収」は、成長を目指す中小企業にも、脱サラで起業したい個人にもメリットが大きいものです。しかし、肝心の「売り物」となる案件がなければ絵に描いた餅です。言い換えると、活発なM&A市場の存在が、M&A買収の前提になるということです。

その点、現在は追い風が吹いています。ここ数年で、中小企業が参加できるM&A市場環境は、急速に拡大、整備されているのです。

中小企業庁の「M&A支援機関登録制度」に登録している支援機関数は、2024年で3000を超えました。この数には、M&A仲介会社などの専門業者だけではなく、経営コンサルティング会社や金融機関、士業者など兼業で取り組むものも含んでいますが、それにしてもかなりの登録件数です。

M&A支援機関登録制度の創設は、2021年、経済産業省が取りまとめた「中小M&A推進計画」に基づきます。その前年には中小企業の〝M&Aマニュアル〟ともいえる「中小M&Aガイドライン」（第2版）を公表、併せて同省は、全国47都道府県での「事業承継・引継ぎ支援センター」、M&Aの一部費用を補助する「事業承継・引継ぎ補助金」など、中小企業がM&Aに取り組むための支援施策を、次々と打ち出しました。

他方で、民間のM&A仲介会社のほうでも、日本M&Aセンターを筆頭とした大手上場企業で、M&A普及に向け精力的な営業活動を開始しました。M&Aアドバイザーによる営業だけではなく、インターネット上にM&Aプラットフォームを整備し、中小企業への裾野を広げました。M&Aプラットフォームは、登録したM&Aの売り手と買い手が直接出会えるウェブサイトで「M&Aマッチングサイト」とも呼ばれます。代表的なものは、「バトンズ」「トランビ」です。

このような、官民挙げての中小企業へのM&A推進努力や情報発信により、中小企業のM&A

は、以前と比べて格段に取り組みやすい環境が整ったといえます。

中小企業M&Aの件数

次ページのM&A調査会社のレコフデータが公開しているM&A動向によれば、M&A件数は2018年以降、おおむね4000件前後で推移しており、2022年にピークとなっています。

ただしこのデータは、M&A仲介会社の各社が公表した数値を基にしたもので、上場企業やクロスボーダー（海外と国内企業）のM&Aも含めた、比較的規模が大きなM&A案件だけが計上されています。

一方、公的M&Aサポート機関である「事業承継・引継ぎ支援センター」を運営している中小企業基盤整備機構が公表したデータによると、2022年に全国の同センターでM&Aの相談をした相談者数は2万2361者（前年度比107%）、M&A（第三者承継）の成約件数は1681件（同111%）となっています。旧組織の「事業引継ぎ支援センター」時代からの相談者数と成約件数の推移は、35ページの図のとおりです。

1985年以降のマーケット別M&A件数の推移

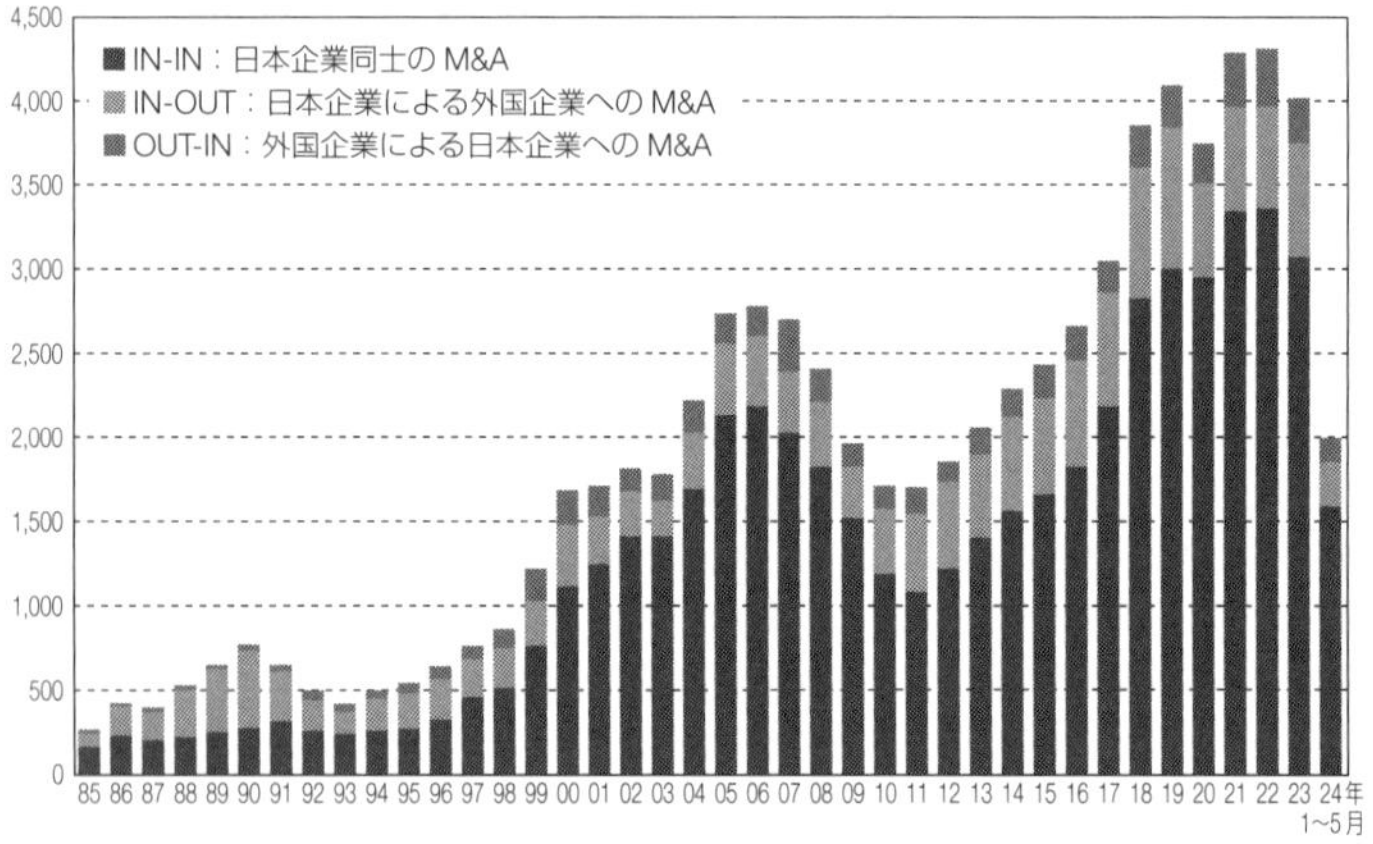

出典：マールオンライン「グラフで見るM&A動向」

さらに、インターネット上のM&Aプラットフォームについて、最大手の「バトンズ」の例で見ると、2018年に2万5000人程度だった利用者数は2023年には25万6000人を超え、2018年に250件程度だった累計成約数は2023年には5000件を超える結果が出ています（ただし、M&Aプラットフォームの案件は「居抜き」での店舗売買や、YouTubeアカウントの売買など、事業のM&Aとは呼びにくい案件も多く含まれています）。

こういった各種のデータからも、M&Aの実施数が伸びていることは確認できます。M&Aの件数が増え、書店に行けばM&Aのやり方を解説した書籍が多数

事業承継・引継ぎ支援センターの相談者数と成約件数の推移

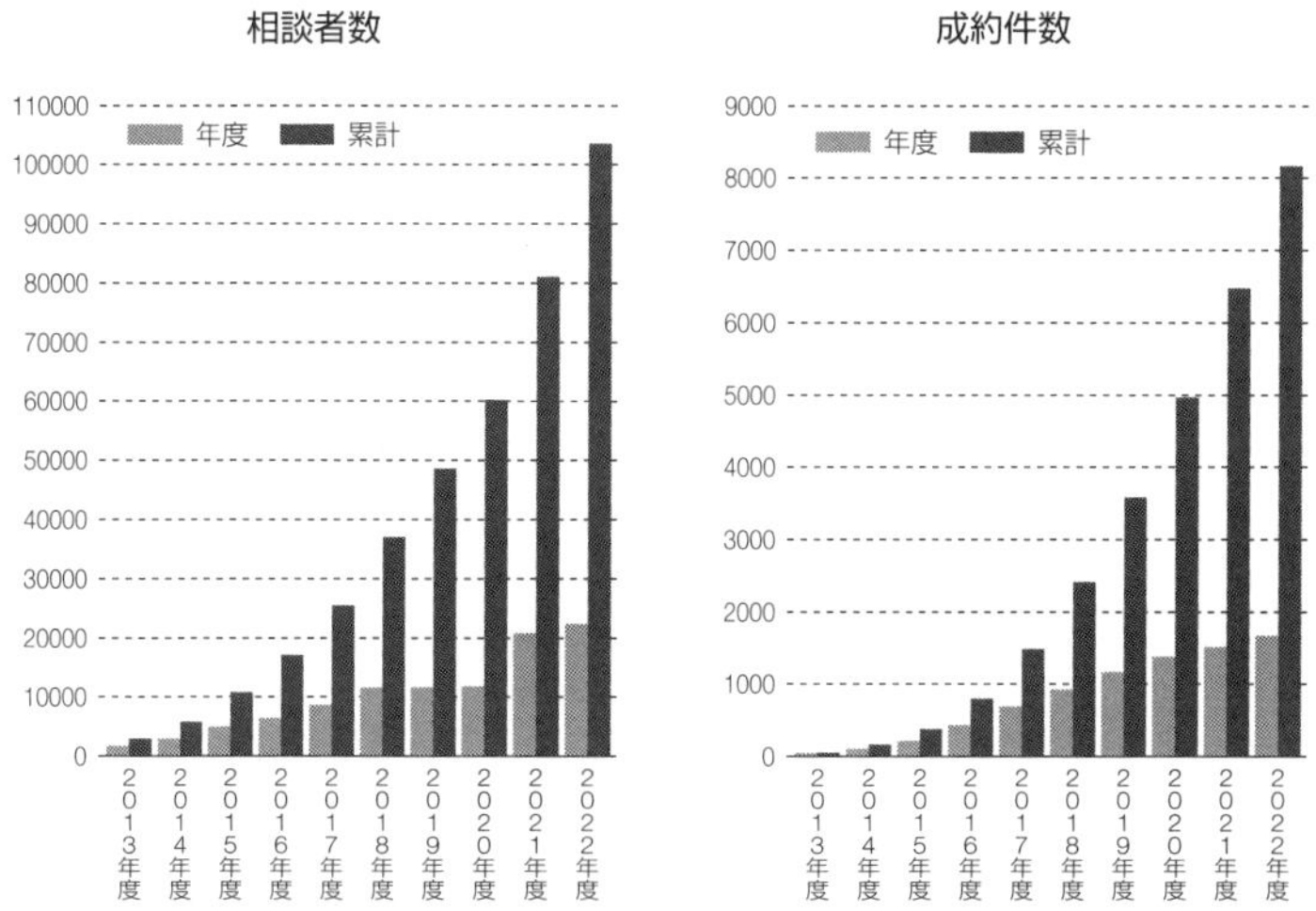

出典：事業承継・引継ぎ支援センター　事業承継・引継ぎポータルサイト

並べられ、かつてとは隔世の感がある、「M&Aブーム」と呼んでもいい状況となっています。中小企業の経営者も、後継経営者が不在の会社を残すために、あるいは、積極的に対価を得るために、自分の会社を譲渡しようという人が増えているのです。

売り手ニーズと買い手ニーズがスパイラル的に拡大

官民挙げて、中小企業のM&Aが推進されてきた背景には、中小企業の事業承継・後継者不在問題があります。

2017年の段階で「2025年まで

に、70歳（経営者の平均引退年齢）を超える中小企業・小規模事業者の経営者は約２４５万人となり、うち約半数の１２７万（日本企業全体の１／３）が後継者未定となっている。現状を放置すると、２０２５年までの累計で６５０万人の雇用、22兆円のＧＤＰが失われる可能性がある」（「中小企業・小規模事業者の生産性向上について」、２０１７年10月）という認識を示していました。

後継者不在によって中小企業が大幅に減少すると、日本の経済や雇用に大きな悪影響を与えることから、それを防ぐために「経営資源の集中」＝Ｍ＆Ａを推していきましょうというわけです。

これは言い換えると、後継者不在の中小企業をいかに売るのかという、「売り手」目線でのＭ＆Ａ推進だということです。

しかし当然ながら、Ｍ＆Ａは売り手と買い手の両方がいて成立するものです。そこで、事業承継に悩む売り手のニーズを満たすために、中小企業も含めた買い手が積極的に求められるようになります。すると、今度は、その買い手の買収ニーズを満たすために、売り手が探索されます。このようにして、買い手と売り手のそれぞれのニーズを満たすために、スパイラル的に中小企業のＭ＆Ａ市場が拡大しているのが、現在の状況です。

買い手となって、「リスクやコストを抑えた創業」を実現しよう

「中小M&A推進計画」では中小M&Aの意義について、次の3点が記されています。

- **経営資源の散逸の回避**
- **生産性向上等の実現**
- **リスクやコストを抑えた創業**

最初の2つは売り手にとってのM&Aの意義です。しかし、最後の「リスクやコストを抑えた創業」は、買い手目線での意義となっています。

私が本書で訴えたいのもまさに、中小企業が成長を続けるには、「リスクやコストを抑えた新規事業の創業」が必要であり、それがスモールM&Aで実現できるという点です。

そしてそのチャンスは、新規事業を起こしたい中小企業の経営者にも、個人としてビジネスを営む事業主にもあります。また、現在は会社勤めでも、いつか「脱サラ」で起業をしたいと思っている会社員や、副業で事業をしたいと考えている人も含まれます。

事業承継の売り手企業をサポートする情報では、通常、大企業・中堅企業や投資ファンドなどの企業買収に慣れた企業が買い手となることが想定されています。そのような買い手が行うM&Aは、最低でも1000万円程度からの譲渡対価の規模となります。ただ、1000万円というのは本当にミニマムという感じで、もう少し大きな数千万円規模からが対象となると思います。

以前においては、1000万円以下の譲渡対価となるようなスモールM&A自体が珍しく、されるにしても、もともと知り合いだった経営者同士によるM&A仲介会社を介さない取引がほとんどでした。

その理由の一つは、M&A仲介会社では仲介手数料に最低料金を設定していることが多く、それが比較的高額であるため、M&A仲介会社を通すと割に合わないからです。

例えば、業界最大手の日本M&Aセンターでは、契約時点における着手金が100万円、M&Aが成約した場合の手数料（成功報酬）の最低額が2000万円に設定されています。これでは、譲渡対価が1000万円程度のスモールM&Aでは、まったく割に合いません。もちろん、同社はM&A仲介業の最大手ですから、その信用力、ブランド力もあって、高めの料金設定がされている面もあります。非上場の中小M&A仲介会社なら、全般的にもっと安い料金が設定されているかもしれません。しかし、それでも最低数百万円の料金が必要となります。

ところが、ネット上のM&Aプラットフォームは、ずっと安い価格で利用できます。例えばバトンズの場合なら、M&A案件の情報を見るだけなら無料会員でも可能ですし、成約した場合に買い手が支払う最低の利用料は38万5000円です。

このようなM&Aプラットフォームが普及したことにより、スモールM&Aの裾野が一気に広がったのです。

私自身も、M&Aプラットフォームに登録していつもM&Aの動向を閲覧していますし、実際にプラットフォームを通じて事業を買収したこともあります。スモールM&Aに初めて取り組もうとする人は、ぜひ登録するとよいと思います。

1000万円以下のM&A案件は、珍しい存在ではない

すでに会社経営をしている経営者は、「1000万円以下で買えるようなM&A案件なんてそんなにないし、あったとしても赤字会社とかボロボロの事業なのではないか」と思うかもしれません。しかし、決してそんなことはありません。

M&A全体の中で、スモールM&Aはどれくらいあるのかというと、中小企業基盤整備機構がサポートする「事業承継・引継ぎ支援センター」の資料によると、同センターを経由して成

成約譲渡企業の売上規模（2022 年度）

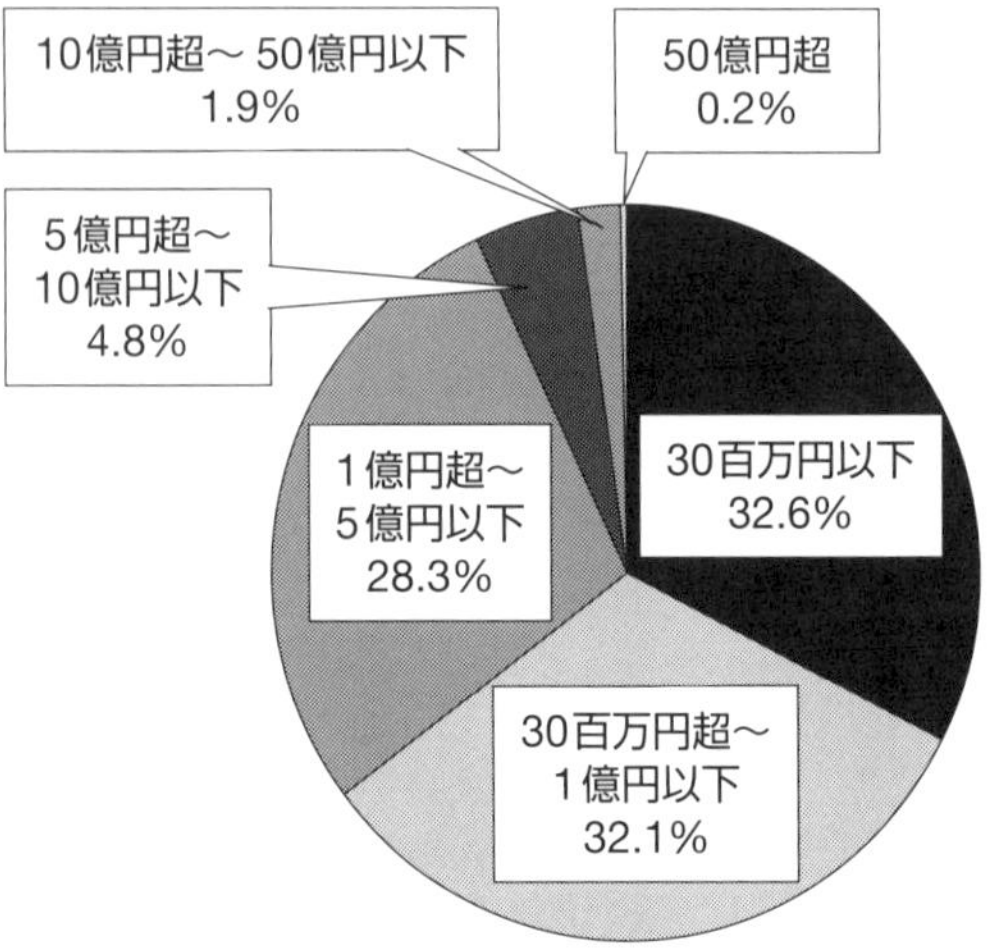

出典：独立行政法人 中小企業基盤整備機構
「2022 年度 事業承継・引継ぎ支援事業の実績について」

約したＭ＆Ａ案件のうちほぼ３分の１が、３０００万円以下の譲渡対価だったことが分かります。その中に１０００万円以下のものがどれくらいあるのかは不明ですが、ある程度の件数が存在するであろうと推測できます。またＭ＆Ａプラットフォームでは、全体の３分の１から４分の１程度の件数が１０００万円未満の希望金額です。

　これらのことから、１０００万円以下の案件は、決して珍しい存在というわけではないということも分かります。

　また、そのようなスモールＭ＆Ａ案件の業績が、必ずしも悪いということもありません。

M&A市場は、売り案件が少ない「売り手市場」となっている

バトンズが公表しているデータを確認すると、登録されている売り案件数が、約2万4000件であるのに対して、買収を希望して登録している買い手は、約22万4000者になっています。買い手のほうが10倍近くも多く、「売り手市場」になっていることが分かります。これは、ほかのM&Aプラットフォームでも同様です。

M&Aプラットフォームは、登録だけなら無料でできますので、どうしても買い手の登録件数が多くなります。

一方、売り手のほうは、実際に売れるもの（会社や事業）を持っていなければ登録しても意味がありません。そこで、売れるものを持っている、ある程度本気の人だけが登録しているので登録案件数は少なくなります。

そのような事情を考えれば、10倍という数字は大げさであるにしても、売り案件数に対して買い手のほうが圧倒的に多い、ということは間違いありません。

私の経験上でも、M&Aプラットフォームで見つけた会社に、これは良いと思って買収の意向を伝えると、たいていはすでに10件、20件と買収の申し込みが入っていて競争になります。優良な売り案件は、常に引く手あまたで激しい買収競争になるのです。

スモールM&Aを活用すれば一気に事業を拡大できる

私は高校を卒業してからフリーターとして、モデルの仕事や自動車販売の仕事をしていました。そして、21歳のときに独立して、自分で中古自動車販売を手掛けるようになりました。1997年のことです。

それから2005年には有限会社、2016年に株式会社を設立し、自動車販売業のほか、アパレル業、リノベーション業、不動産業(投資不動産売買、賃貸)、地盤調査業、レンタカー業、そのほか多くの事業に取り組んできました。

あるとき、大手M&A仲介会社から営業があってそこのアドバイザーと親しくなり、紹介をされたのがある建設会社です。2021年に、この会社の株式を譲り受けたのが、最初のM&Aでした。ちなみに、このときの買収価格は1億円ほどだったので、スモールM&Aではありません。

私はこのときに、M&Aによる事業買収のメリットやその面白さを実感しました。そして、これからはどんどんM&Aで事業を買収して会社を拡大させていこうと思い、積極的に情報収集するようになったのです。

それ以後、レンタカーショップA（沖縄）、レンタカーショップB（沖縄）、バー（沖縄。2軒まとめて）、フィットネスジム（和歌山）、アイス店とバー（沖縄。2軒まとめて）、マリン事業（沖縄）などを、M&Aで買収しています。また、現時点で契約には至っていないものの、北海道や大阪の経営者と交渉中の案件もいくつかあります。それらのすべてではありませんが、大半は、1件当たり1000万円程度のスモールM&Aです。

私が経営する会社の売上規模は、M&Aを実施する前年の2020年には4億円程度でした。それが主としてM&A買収による新規事業展開、拡大を続け、2023年にはグループ全体で約12億円となりました。つまり、3年間で約3倍に成長できたのです。M&Aを利用しなければ、とてもこれだけの急拡大を実現することはできなかったはずです。

次ページの図のように私は多くのスモールM&Aをしてきました。スモールM&Aは、決して難しいものではありません。ただし、失敗したM&Aもあります。これらの経験で得たものをスモールM&Aにチャレンジしたい中小企業、個人起業家に共有したいと思います。

M&A 実績表

内容	エリア	事業概要	時期	M&A種別	買収を決定した理由・主な目的	媒体（仲介）
建設会社	大阪	地盤調査・工事一式・建物検査	2021年	株式譲渡	商流。一次下請としての元請けとの関係が得られるため。	大手M&A仲介会社
レンタカーショップA	沖縄	小規模レンタカー事業	2021年春	事業譲渡	場所（事業用土地）、既存のレンタカー事業とのシナジー。	修理会社からの紹介
レンタカーショップB	沖縄	大規模レンタカー事業	2022年秋	事業譲渡	立地場所(事業用土地。那覇空港近く)。	知人を通して
フィットネスジム	和歌山	女性専用フィットネスジム	2023年6月	事業譲渡	人材（ジムスタッフ）が良かった。故郷への期待。	M&Aプラットフォーム
バー（2軒）	沖縄	シーシャバー。主にアメリカ人相手のバー	2023年9月	事業譲渡	自社で展開しているバー事業（新規事業への挑戦）。	オーナーが知人
アイス	沖縄	オリジナルアイスの販売店。夜間も営業	2023年12月	事業譲渡	Instagram展開などに強み。沖縄では有名なアイスブランド。	個人間
バー（アイス店と同じ売り手）	沖縄	バー	2023年12月	事業譲渡	アイス店を購入する際に競合が多く、セットで購入すると優先的に検討してもらえたため。	個人間
マリンパーク	沖縄	マリン事業・船舶	2024年3月	株式譲渡	船が好き。沖縄での今後マリン事業の展開を見込む。	沖縄の仲介会社
沖縄そば	沖縄	沖縄そば店	2024年8月予定	株式譲渡	文化遺産となっている建物。想いの継承。観光雑誌にも多く取り上げられるほどの認知度の高さ。	沖縄の仲介会社

Chapter

2

「スモールM＆A」の第一歩！

押さえておくべき
M＆Aの基本

M&Aの対象となるのは、大きく分けると「会社」か「事業」

「M&A」は、「Mergers and Acquisitions」という英語を略した言葉です。Mergersは、日本語でも「このデータとこのデータをマージする」という言い方がされるように、複数のものを1つにまとめることを表します。経営の文脈では、会社の「合併」を指します。一方、Acquisitionsは、そのものズバリ、「買収」という意味です。

つまり、M&Aを直訳すれば「合併と買収」です。多くの人は、M&Aと聞けば、会社の売買が思い浮かぶと思いますが、合併もM&Aの一部ということになります。

合併には、ある会社が別の会社に組み込まれる吸収合併と、複数の会社がまとまって新しい会社になる新設合併があります。ただし、合併は会社法上や税法上の手続きが多く、複雑になるため、実際に行われるケースは、買収に比べれば少ないです。

特にスモールM&Aでは、買収後に時間が経ってから、なんらかの事情で合併をするということはあるかもしれませんが、いきなり合併が用いられるケースはほとんどありません。

M&Aの中心となるのは売買です。買い手の立場から見れば「買収」または「譲り受け」となり、売り手の立場から見れば「売却」または「譲渡」になります。これは、1つの取引をど

M&Aの種類

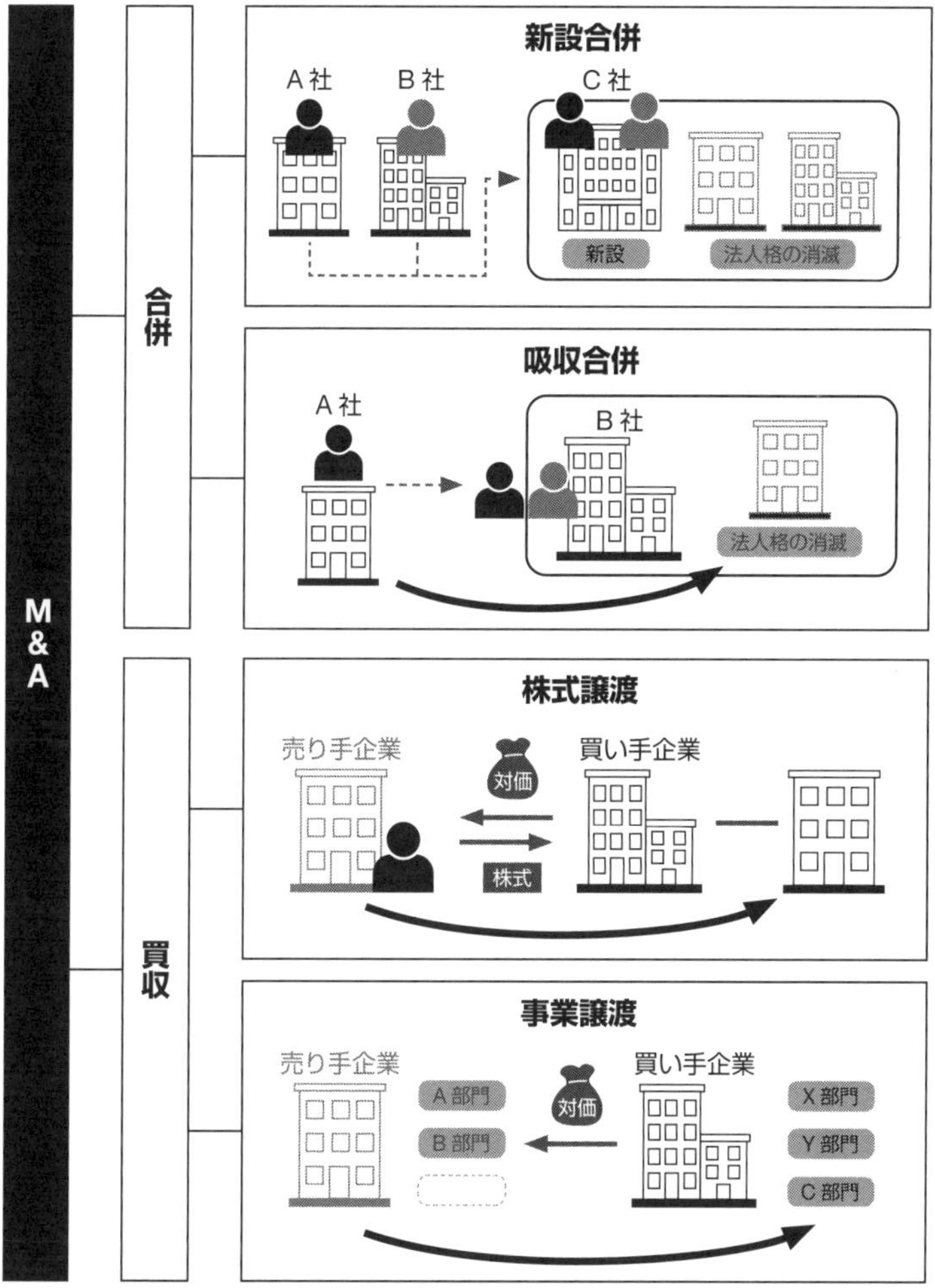

出典：M&Aサクシード　よくわかるM&A

ちらから見るかの違いだけで、俯瞰《ふかん》的に見れば「売買」です。今後、売買、買収、譲渡などの言葉が出てきますが、これは取引をどの立場から見ているかという視点の違いだけで、内容としては同じものを指します。

次に、M&A取引の対象、つまり何が売買されるのかという点で見ると、大きく分けると「会社そのもの」か、その会社が行っている「事業」のどちらかになります。

株式会社のM&Aとは、株式の売買のこと

法人とは、人間以外で、法律上の権利・義務の主体になれる存在のことです。法人と対になる概念として、人間のことは「自然人」と呼びます。

正確にいえば、会社は「法人」の一種で、会社以外の法人には、一般財団法人、医療法人、学校法人などがありますが、単に法人といった場合、会社を指すことが一般的です。例えば、「社長が法人に資金を貸す」などという場合、この法人はその社長が経営する会社のことを指していることは明らかです。

そのため、M&Aの文脈では、「会社売買」といっても「法人売買」といっても、同じことを指しています。会社以外の、例えば医療法人などがM&Aで売買されることもありますが、

その場合は「医療法人の売買」などといい、会社ではないということをはっきりさせます。

会社法で規定されている会社には、株式会社、合同会社、合資会社、合名会社という、４つの類型がありますが、現存する会社の大半は株式会社です。そこで、本書では株式会社を前提にして説明します。

株式会社は人が設立します。その設立時に、会社に対して出資をした人が、その会社の経営支配権を持つオーナーになります。経営支配権を表しているのが、株式です。逆にいえば、株式を所有している人が、その会社のオーナーです。

代表取締役（社長）であったとしても、株式を保有していなければ、会社のオーナーではなく、経営支配権を持ちません。取締役は株主総会で選任・解任される役割であり、株主総会の議決権は、株主が持つという関係からも、株主が経営支配権を持っていることは明らかです。

ただし、実際には、日本の中小企業のほとんどは、大株主である創業者やその後継者が代表取締役を兼任しているオーナー経営です。このように株主総会で議決を左右できるだけの株式を持つ支配的な株主と代表取締役が兼任されている場合、その経営者を「オーナー経営者」と呼びます。

なお、株式は原則として譲渡をすることが可能です（定款の定めにより譲渡を制限することもできます）。株式は経営支配権を表すものですから、株式を譲渡するということは、経営支配権を譲渡することを意味し、譲り受けた人が、会社の新しいオーナーになります。

この株式（経営支配権）の売買が、すなわち会社（法人）のM&Aの中身です。M&Aで「会社を売買する」という場合、実際にはその会社の株式が売買されているのです。したがって、売買価格は、会社に対しての価格ではなく、株式に対しての価格となります。

そのため、M&Aの文脈での会社売買は「株式売買」といっても同じです。「法人売買」といっても通じます。それらを厳密に区別する意味はありません。

事業のM&Aには、明確な形がない

事業売買の場合は、何を売買の対象とするのかは、その案件ごとに異なります。一般的には、その事業に関連する資産、事業のノウハウ、取引関係（取引口座）などが含まれます。例えば、飲食店なら、厨房《ちゅうぼう》設備など店舗の備品、レシピ、食材の仕入れ先との取引関係などです。事業売買の価格は、これらを一つひとつ見積もって定めた価格となるのが基本です。

多くの事業や事業所を展開している会社が、その一部を売却するということもありますが、会社が行っているすべての事業を譲渡するような事業譲渡の場合もあります。つまり、実質的には法人譲渡と変わらないのですが、法人という入れ物は譲渡せず、中身の事業だけを譲渡するケースです。法人譲渡における包括承継を避けたい場合に、このような会社の中身全部の事業譲渡が行われることがあります。

逆に、場合によっては、資産だけ、権利だけといった、限定的な内容が売買されることもあります。そもそも事業譲渡は法律で規定されている取引ではないため、明確な形がなく、どこまでをM＆Aに含めるのかは、その都度、当事者同士の話し合いで決まります。

例えば、厨房設備だけを売買するような場合は、M＆Aというより、単なる中古設備の取引というほうが適切な気がします。呼び方はともかく、事業譲渡の場合、何が売買の対象になるのかは、売り手と買い手が話し合いのうえで、一つひとつ列挙して契約を結ぶことになります。

会社買収と事業買収のそれぞれで、M＆Aによって得られるもの

会社を買収する場合と、事業買収の場合とで、買い手が得られるものの具体的な中身は次のようになります。

会社買収

- 経営権（株式）
- 事業
- 貸借対照表の資産（現預金、不動産、機械設備など。金額的には純資産の部の額）
- 無形資産（信用力、ブランド、製造や営業のノウハウ、特許権などの知財）
- 会社に帰属する取引関係（販売先、仕入れ先との関係、取引口座など）
- 会社に帰属する行政上の許認可など
- 商流（一次代理店の地位など）
- スタッフ

事業買収

- 事業
- 事業に関係する有形資産（現預金、不動産、機械設備など。金額的には純資産の部の額）
- 事業に関係する取引関係（販売先、仕入れ先との関係、取引口座など）
- 事業に関係する無形資産（信用力、ブランド、製造や営業のノウハウ、特許権などの知財）

なお、会社買収の場合と事業買収の場合とに共通して、仮に事業をゼロから自分で築いたとしたらかかるであろう時間も、M&Aで得られるものに含めてもよいと思います。

時間を買うというのは、M&Aでよく使われる考え方です。

会社売買の取引主体

M&A取引の主体が誰にあたるのかについては、いくつかのパターンがあります。

例えば、A社という会社の株主であるX氏が、A社株のすべてをY氏に売却するM&A取引だとします。取引の主体はX氏（売り手）とY氏（買い手）です。X氏はA社株式をY氏に売却し、Y氏はX氏に対して対価を支払います。取引の完了後、Y氏がA社の新しい株主＝会社のオーナーとなります。これが、「Y氏がA社をM&A買収した」ということです。

次に、Y氏がもともとB社という会社を経営する株主（オーナー経営者）だったとします。この場合、Y氏という個人ではなく、B社という法人がA社の株式を買い取ってA社の株主になることもできます。株主は必ずしも個人である必要はなく、法人が株主になってもいいのです。

B社がA社株を買う場合、買収対価は、Y氏からではなく、B社からX氏に支払われます。このような取引が行われた場合は、「B社がA社をM&A買収した」という表現になります。

そして買収後は、B社は「親会社」、A社は「子会社」と呼ばれます。

M&Aでの会社買収を検討する人が個人の場合は、その人が買い手になるしかありませんが、オーナー経営者の場合は、個人で買うのか、会社で買うのかを選ぶことができるということです。

さらに、B社は買収したA社株を、将来売却することもできます。そのとき、仮に個人のZ氏がA社株を買収した場合、取引の売り手はB社（法人）、買い手はZ氏（個人）となります。

事業売買の取引主体

会社ではなく事業売買、例えばA社が喫茶店事業とラーメン店事業を行っており、喫茶店事業をM&Aで売却して、以後ラーメン店事業のみに集中するといったケースもあります。法人を設立せず個人事業主として事業を運営しているV氏がこの喫茶店事業を買い取った場合、法人A社と個人事業主V氏との間の取引になるので、V氏からA社に対価が直接支払われます。

実際には、法人が自分の意思で売却を決めるということはあり得ないので、オーナー経営者であるX氏が、売却の意思決定をして、売却に関与しているわけです。しかし法律上は、A社・V氏間での事業の売買ということになります。したがってA社の株主であるX氏が、直接対価を受け取ることはありません。ここのお金の流れが、会社（株式）売買との大きな違いになります。

またW氏が株主であるC社が喫茶店事業を買い取った場合、C社はA社に対して買収の対価を支払います。この場合、A社・C社という法人間での事業の売買ということになります。そのため、この場合もX氏が直接対価を受け取ることはありません。

以上をまとめると、M&A取引の主体（売り手・買い手）が「誰か」という点は、①株主、②法人、③個人事業主の3パターンがあります。また、M&Aで「何を」売るのかという点に関しては、「会社（株式）」と「事業」の場合があります。

それぞれの組み合わせに応じて、どこからどこにお金が動くのかが異なります。また、取引に関わる税金やその後の事業運営体制も違ってきます。

会社売買と事業売買

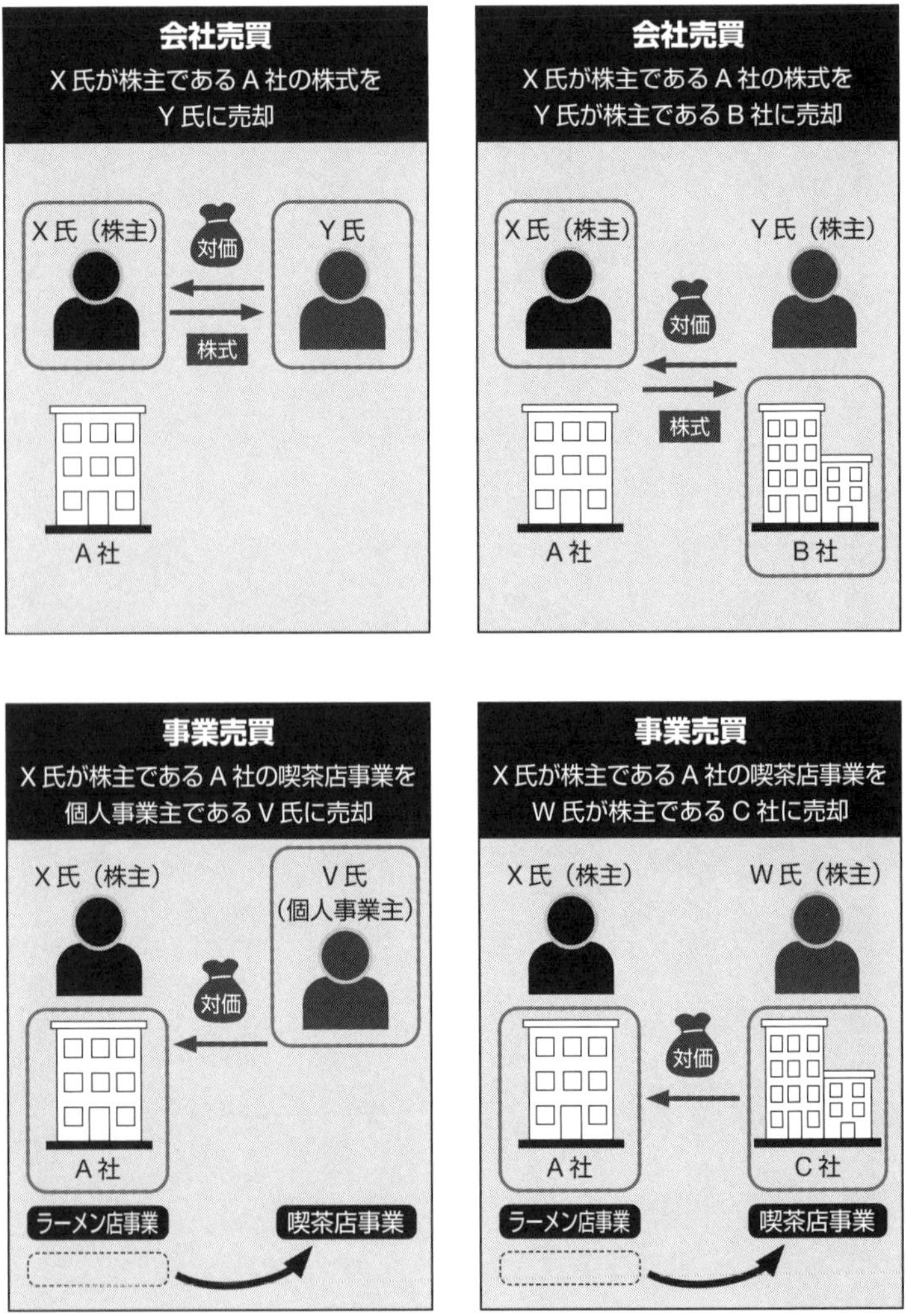
会社売買
X氏が株主であるA社の株式を
Y氏に売却
X氏（株主）
Y氏
対価
株式
A社
会社売買
X氏が株主であるA社の株式を
Y氏が株主であるB社に売却
X氏（株主）
Y氏（株主）
対価
株式
A社
B社
事業売買
X氏が株主であるA社の喫茶店事業を
個人事業主であるV氏に売却
X氏（株主）
V氏
（個人事業主）
対価
A社
ラーメン店事業
喫茶店事業
事業売買
X氏が株主であるA社の喫茶店事業を
W氏が株主であるC社に売却
X氏（株主）
W氏（株主）
対価
A社
C社
ラーメン店事業
喫茶店事業

会社買収における包括承継の意味

会社買収と事業買収とは、誰が、何を売買するのかということ以外に、重要な違いがあります。

それは会社買収の場合は、買収者はその会社が持つ権利・義務などの契約関係を包括的に（まとめて）承継する「包括承継」になるという点です。権利とは、例えば売掛金があるなら、それを受ける権利だとか、取引先との取引関係（取引口座）だとか、行政に対する許認可、あるいは特許や商標などの知的財産権です。

また義務とは、買掛金があればそれを支払う義務、会社が銀行から融資を受けていればその返済義務、従業員に対して給料を支払う義務（雇用契約の履行）、納税の義務などです。それらの権利・義務が生じる契約は法人（会社）が主体となって結ばれます。M＆Ａでの会社売買とは株式（経営支配権）が移動することであり、会社の法人格そのものに何か変化が生じるものではありません。

そのため、M＆Ａで株主が変更になったあとも、会社が結んでいる契約関係は、原則的にはすべてが自動的に継続されます（例外もあります）。M＆Ａで会社を譲り受ける株主から見れば、会社が持つ契約関係のすべてを包括承継するということです。買い手から見て、欲しいものだけを承継して、不要なものは承継しないといった選択的な承継は、原則的にはできません。

一方、事業売買は、売り手が売りたい事業、買い手が買いたい事業について、その内容を限定して譲渡契約を結ぶものであり、当然ですが、包括承継にはなりません。

また、売買される事業に関わる、売り手会社と第三者との契約関係などがある場合、その契約関係は自動的に承継されないため、契約をまき直す必要があります。

例えば飲食店などの事業では、経営会社とその店舗がテナントとして入っているビルのオーナーとが不動産賃貸借契約を結んでいます。その店舗事業が売却されても不動産賃貸借契約は自動的に買い手に承継されません。まず事業の売り手が不動産オーナーとの契約を解除し、次に買い手が新たに契約を結び直すことが必要になります。

あるいは、譲り受けた店の店長に引き続き店長として働いてもらいたいといった場合は、店長に売り手会社を辞めてもらったうえで、新たに買い手会社が雇用するという手続きを踏まなければなりません。店で使っている厨房機器がリース契約であれば、それも同様にまき直すことになります。

包括承継のメリット、デメリット

会社は従業員との雇用契約をはじめ、金融機関、リース会社、不動産会社、取引先など多くの契約関係を結んでいます。会社売買による包括承継であれば、これらの一つひとつの契約が原則的にそのまま自動的に承継されます。

そのため、今までどおりの取引内容が継続でき、再契約の手間などもほとんど必要ないことが、会社買収＝包括承継の大きなメリットです。

また、取引先との取引口座や行政上の許認可などを会社として取得している場合は、それらを引き継げることもメリットです。新規の取得が難しい口座や許認可などの場合は特に大きなメリットになります。併せて、売り手が長く続いている会社であれば、顧客、取引先、地域社会、金融機関などに対して、高い信用やブランド力を築いていることもあります。会社を引き継ぐことで、これらを引き継げることも、メリットに含まれるのです。

少し違った論点ですが、売買価格の算定に際しても、会社全体の業績と財務は、決算書を見れば分かるため、算定は比較的容易である点も会社売買の利点に挙げられます。

半面、包括承継にはデメリットもあります。それはM&Aの時点で認識されていないリスクがあることです。その典型が、簿外債務や偶発債務です。

包括承継の場合、会社に借金などの債務があれば、その債務を履行する義務は買い手が引き継ぐことになります。それは大変だと思う人もいるかもしれませんが、その義務の内容などが明らかになっているなら、通常、M&Aにおいて問題にはなりません。なぜなら、その義務を承継することがどうしてもいやなら、買わなければいいだけだからです。あるいは、その義務を負担する分を買収価格から差し引いて調整するといった交渉も可能です。

「簿外債務」とは、貸借対照表に計上されていない債務で、例えば退職給付引当金（将来の退職金支払いの約束）などが代表です。

「偶発債務」とは、現実にはまだ発生していないものの、将来的に一定の条件が成立した場合に発生する債務のことです。偶発的（確実ではない）であり、その債務の額が正確に予測できないことが特徴です。例えば第三者の保証人になっている場合や、未払い賃金がある場合、損害賠償請求の訴訟を起こされて、賠償金を支払わなければならないといったことが偶発債務にあたります。こういったリスクが、会社売買＝包括承継のデメリットです。

私も経験した、会社買収による包括承継の落とし穴

包括承継に伴うリスクをもう少し深掘りすると、よくある偶発債務は、前経営者が従業員にサービス残業をさせており、残業代の未払いがあることです。正直にいって、スモールM＆Ａの対象となるような小さい会社では、就業規則などの各種規定も整備されていないことが多く、違法な働き方をしていることも珍しくありません。

未払い残業代を請求できる時効は現在は3年（以前は2年）なので、M＆Ａの前3年以内に未払い残業代があれば、M＆Ａ後に会社に対してそれが請求されるリスクがあるということです。もし請求されたら、支払わざるを得ません。従業員が多い会社だと、相当な金額に上る恐れもあります。

また、前経営者が、パワーハラスメント（パワハラ）やセクシャルハラスメント（セクハラ）などの違法行為をしていたといったケースも少なくありません。残念ながら、中小企業のワンマン経営者には、いまだにこういった違法行為をする人が散見されます。

例えば以前の経営者のパワハラによって、うつ病になり退職した従業員がいたとします。M＆Ａ後にその従業員が会社の責任を追及して、損害賠償を求めるといったことがあります。

もし提訴されて裁判で負ければ、損害賠償金を支払わなければなりません。

さらに、以前の経営者のパワハラによるうつ病が原因でその従業員が自殺してしまったような場合、会社が遺族から巨額の損害賠償を請求されることにもなります。会社は、「前の経営者のときの話だから関係ない」とはいえず、当然、対応する責任があります。パワハラやセクハラの問題が難しいのは、売り手となる前経営者も知らないところで、部門長が部下に対して行っていた、といったケースもあることです。まさに偶発的であり、どこに隠されているか分からない地雷のようなものです。

実は、私もM&Aによってある偶発債務に直面したことがあり、ある程度の金銭を私が自腹で支払うことで解決せざるを得ませんでした。

こういった偶発的リスクに備えるためには、売り手と交わすM&Aの契約書に、偶発債務が発生した場合は、売り手が補償するといった旨の条項を入れ込んでおけば、ある程度補うことも可能です。しかし、売り手がそれを拒否する場合もありますし、すべてを予見した契約内容にすることは現実的には困難です。

会社買収の包括承継には、どうしてもある程度の潜在的なリスクが伴うことを覚えておく必要があります。

少し異なる論点ですが、包括承継では、以前の従業員との雇用契約は原則的にそのまま引き継ぐことになる点も押さえておくべきです。

Ｍ＆Ａ後、新しいスタッフで事業を運営したいので、以前の従業員には辞めてもらって、スタッフを入れ替えようと考えても、それは基本的にはできないのです。

従業員の解雇には法律で厳しい要件が定められており、Ｍ＆Ａは解雇が認められる理由にはなりません。

どうしても辞めてもらいたい従業員がいる場合、退職勧奨をすることになります。退職勧奨とは、会社から退職を勧める話し合いをして、納得して辞めてもらうことです。これはあくまで従業員の合意が前提であり、一方的な解雇ではありません。

また、会社売買では、Ｍ＆Ａ後も労働条件を引き継ぐ必要があります。給与を引き下げるなど、従業員の不利になるような労働条件に変更すること（不利益変更）は、原則として従業員の個別の同意がなければ、行うことができません。

会社買収であれば、基本的には人はそのままで、待遇も同じ条件で雇い続けなければなりません。

事業売買のメリット、デメリット

事業売買の場合のメリット、デメリットは、会社売買の裏返しです。

事業売買の場合、会社が主体となっている契約関係は自動的に承継されないため、その事業に関わるすべての契約をまき直すことになります。

例えば10人の従業員がいたら、すべての人が売り手会社との雇用契約を解消し、買い手会社と新たな雇用契約を結び直すことになります。雇用契約だけでなく、金融機関、取引先、リース会社などすべての契約をまき直さなければならないので、その再契約だけでも大変な手間がかかります。

また、取引先や不動産会社などに再契約を求めても、断られたり契約条件を見直されたりするリスクもあります。例えば、再契約の際にテナントの賃料が値上げされるなどといったケースです。

さらに取引先との取引口座などには、実績のない会社での新規の取得が難しいものもあります。業界によっては一種の利権と呼べるような、新規参入者を排除する取引慣行も多数あります。別の会社での事業になるのなら、取引は見直すといわれて、以前と同じような内容で事業を営めない恐れもあります。

行政上の許認可なども、法人に対して与えられるものは、事業を運営する法人が変われば引き継げないことになります。

また、売買する事業や資産の内容が多ければ、その一つひとつを切り分けて算定することも、手間がかかります。会社全体の業績や財務の数字は決算書を見れば分かりますが、一部の事業だけを取り出した場合、その事業が会社全体の業績や財務にどの程度寄与しているのかを推定するのが難しいこともあります。

その一方、事業売買では譲り受けるものが限定列挙されます。売り手の会社に簿外債務や偶発債務があったとしても、それを引き継ぐ義務はなく、その意味ではリスクが少なく安心して取引ができます。

もちろん会社売買であればデューデリジェンスというプロセスにより、その内容を精査することもできますが、費用も、時間もかかります。

私は、初めてのM&Aをする初心者やスモールM&Aの場合は特に、低リスク、低コスト、そしてスピードも速いという点から、会社買収よりも事業買収を選んだほうがよいと思います。

ちなみに、事業がうまくいかない場合は売ればよいという考え方を持っておくとよいとも考えます。成功させるつもりで買収または一から会社を立ち上げて経営をしていても、100%の成功はなく、想定の収支を得ることが困難な場合があります。その場合は売却という選択を取ることも可能なのがM&Aです。自身よりも優れた経営者がいれば、その方に委ねるほうが残る社員も幸せである場合もあります。

M&Aの流れ①

M&Aの知識習得

M&A買収の基本的な流れを大きく分けると、①M&Aの知識習得、②売り案件の探索、③売り手への申し出、④トップ面談と基本合意、⑤デューデリジェンス（DD）、⑥最終契約（クロージング）、となります。

スモールとはいっても、M&Aには数百万円から1000万円以上の資金を投じます。失敗しないためには、できる限り万全な準備を整えて取り組みたいものです。

まずは、しっかりと勉強をして知識を得ることが大事です。手軽に概略的な知識を得るためには、M&A仲介会社や経営者団体などが主催するセミナーや勉強会に参加するのもよいと思います。

ただし、1回や2回セミナーなどに参加しただけで、すべてを分かったつもりになるのは危険です。特にM&A仲介会社が主催するセミナーは、当然ながら自分たちに仲介を依頼してもらうための営業目的ですから、都合の悪いことはあまり触れられません。

書籍に学ぶことも必要です。たまに「M&Aについて勉強したいのですが、どんな本で勉強すればいいのですか」と聞かれることがありますが、私は「タイトルに『M&A』とある本を買えるだけ買って、片っ端から読んでください」と答えます。これは、私が実際に行ってきたことです。私が、最初に仕事で不動産投資を始めたときには、書店で「不動産投資」と書かれた本を片っ端から数十冊買って読みあさりましたし、M&Aをしたときも同じです。

著者によって着眼点や考え方、得られる知識などが違うので、できるだけ多くの著者の本を読むことが必要です。「ランチェスター　時間の法則」のとおり、成功のためには、とにかく時間をかけることです。読書の時間も、成功するための努力の時間に含まれます。テレビやSNSなどを見ている暇があるなら、読書で勉強することを勧めます。

なおM&Aは経営戦略の一部なのですから、経営者として事業戦略や組織運営、マーケティング、会計など、経営全般のことも常に勉強しておかなければならないことはいうまでもありません。

経営戦略論では、「ランチェスター戦略」を学ぶことは特に有効です。

もし、経営者の友人や経営者団体の仲間など、身近にM&Aをしたことがある経験者がいるなら、そういう人にはぜひ話を聞いてみるとよいと思います。

書籍から得る知識は大切ですが、どうしても一般論になります。リアルで具体的な経験から得られた学びに関しては、やはり経験者の声を聞くのがいちばんです。特に、自分が行っている事業と同業の経営者であれば、自社に応用しやすい成功や失敗のポイントが学べるはずです。

▼注意点

情報収集のために、M&A仲介会社のアドバイザーから話を聞くのも悪いことではありません。ただし、現在はM&A仲介会社が雨後の筍《たけのこ》のように乱立しており、会社の質、アドバイザーの質もピンキリです。なかには、まったく知識がなかったり、適当なことを言ったりするアドバイザーもいるので、うのみにはしないようにすべきです。

M&Aの流れ②

売り案件の探索

オーソドックスな売り案件の探索方法は、M&A仲介会社に希望条件を伝えて、依頼をすることです。面談やヒアリングで買収条件を聞き、登録してくれるM&A仲介会社もありますし、ウェブサイトのフォームなどから登録できる会社もあります。

ただし、売買価格（予算）が数百万円程度のスモールM&Aの案件探しでは、大手のM&A仲介会社から売り案件の紹介を受けることは難しいと思います。

スモールM&Aの探索は、譲渡対価が100万円程度の案件もあるM&Aプラットフォームのほうが適しています。手数料も、アドバイザーに依頼する場合よりもぐっと低くなります。

M&Aプラットフォームに登録する際には、買い手が希望する地域、業種、売上高、希望売買価格などの条件を設定しておくと、抽出して選択表示させることができます。また、希望条件に合う売り案件をメールで連絡してくれる機能もあります。

大手のM&Aプラットフォームでは、毎日新規案件が掲載されます。私は、毎朝必ずその日の新規掲載案件をチェックすることにしています。こうすると、思わぬ業種で思わぬ優良案件が見つかることがあります。

▼注意点

M&Aプラットフォームにおいて、探索条件はあまり絞り込まないほうがよいです。

売上や利益がいくら以上といった条件も、単純に決算書の数字だけで足切りをしてしまうと、実は正常収益（実態的な収益）は高いのに、節税のために役員報酬などで調整して利益を低めに抑えている企業などを除外してしまうことになります。売り手の希望価格も場合によっては、交渉により下げられる可能性もあるので、予算ぴったりに決めておく必要もありません。

また、業種、業界なども、自分が気付かなかった分野に意外な優良な売り案件が存在することもあります。狭く絞り込みすぎると、優良案件を見逃してしまう恐れもあります。

M&Aの流れ③
売り手への申し出

M&A仲介会社からの紹介やM&Aプラットフォームの掲載案件に、興味のある売り案件があれば、M&A仲介会社を通じてM&Aプラットフォームで直接申し出ます。

最初の段階は売り手、買い手ともに匿名で、気になる点や確認したい点などを確かめます。なぜ匿名なのかといえば、特に売り手にとっては、M&Aは非常にセンシティブなものだからです。

例えば、経営者が会社を売ろうとしていると従業員が知ったら、場合によっては士気が大きく下がり、退職者が出ることにもつながりかねません。あるいは、取引先や、金融機関に心配をかける場合も考えられます。そこで最初は匿名で交渉を進めるのです。

売り手のほうが交渉を進めたいと思えば、ある程度の段階で互いに氏名、会社名などの詳細情報を明らかにします。そのうえで売買金額を含めた具体的な交渉に入っていきます。

事業内容などに疑問点があれば当然質問をすることは可能ですが、それと併せて、自分で確かめることができる部分があれば、可能な限りそうすべきです。例えば飲食店などの店舗ビジネスであれば、客として店に行ってみるということです。

できれば平日と休日、昼と夜など、条件を分けて何度か足を運びます。席数、客数、客単価など、調べられることは実地で調べます。ランチタイムなどに2時間くらい、店の近所で張り込みをして、何人来客があるのかを調べるといったことも、できればしたほうがよいです。

もちろん、客単価や来客数などは、売り手が情報として提示してくれます。しかし、それが本当に正しいかどうかは分からないのです。

売り手がより高く売るために、客単価や客数、一日の売上高などを実際よりも高めに申告している可能性もあるからです。

実は、私自身が買収した案件でも、売り手から申告されていた売上高などの数値と実際の数値がまったく違っていたということがありました。ある偶然のきっかけで、売り手が意図的に以前の売上をごまかしていたことに気付いたのですが、そういうことはスモールM＆Aではよくあることだと思ったほうが安全です。

もちろん、こういった売り手の虚偽の申告は、デューデリジェンス（詳しくはP76〜）をすればある程度発覚します。しかし、デューデリジェンスにも費用がかかるので、スモールM&A、特に偶発債務のリスクが低い事業売買の場合は、実施されないことが一般的です。M&A後の経営を進めてから、「こんなはずじゃなかった」となることもあります。

それを予防するためにも、自分の手足を動かして調べられることは調べておく必要があるのです。M&Aに限りませんが、経営はすべてが経営者の自己責任の世界です。失敗を他者のせいにする他責思考では、経営数値が向上するわけはないからです。失敗はすべて自分の責任として考え、自分の責任で改善していくことでしか、経営数値は向上しません。

日本屈指の名経営者であった松下幸之助は、「雨が降っても自分のせい」と言ったそうですが、けだし名言です。

▼注意点

この段階でのポイントは、ピンとくる案件があったら、とにかく早めに連絡することです。また、その後のやりとりもクイックレスポンスを心がけます。

併せて重要なのは、いかに売り手の人から選んでもらうように気を使うかという点です。

現在のM&A市場は売り手市場です。内容の良い案件には、通常10件以上の買い手からの連絡があります。その中から選んでもらわなければならないわけです。そのため、なるべく売り手にストレスをかけないようにクイックレスポンスを心がけ、かつ、なぜ自分がその会社や事業を買いたいのか、どうやって事業を伸ばすつもりなのかといった、買い手としての熱意を、押しつけがましくならない程度にアピールすることが、とても重要です。

いずれにしても、買い手候補として手を挙げるだけなら費用はかからないのですから、遠慮なく連絡を取ってみるとよいです。

M＆Aの流れ④

トップ面談と基本合意

売り手、買い手の双方が、前向きに進めたいと思う場合、次に面談が行われます。一般的には、オーナー経営者同士での面談になるため、「トップ面談」と呼ばれます。

トップ面談は、条件交渉などをする場ではありません。かといって、単に儀礼的な挨拶をすればいいというわけではなく、売り手と買い手が、互いに相手の人となりをよく知るための場なのです。

一般的に、売り手にとってトップ面談は、買い手を選ぶための重要な要素になります。特に、会社譲渡の場合はその傾向が強くなります。

売り手にとって、何年、あるいは何十年と経営してきた会社は、そこに自分の人生が凝縮されたような存在です。我が子のようなものだといわれることもよくあります。M&Aは、その我が子のような会社を他人に引き継いでもらうことなのです。また、長年苦楽をともにしてきた従業員の、その後の人生を任せるという面もあります。そう考えると、買い手がどんな人柄で、どれほどの能力を持った人間なのかについて、売り手がしっかり見極めたいと思うのは、当然のことだと思います。

実際、複数の買い手候補がいる場合に、提示している条件が高い買い手でも、人間的に好きになれないという理由で選ばれない、逆に、提示する条件は低くても、理想や価値観が合うので、ぜひこの人に引き継いでもらいたいといって選ばれるということも、よくあることです。

このように、大企業同士のM&Aのように、単なる経済合理性だけで決まらないところが、スモールM&Aの難しさでもあり、醍醐味《だいごみ》でもあります。

トップ面談の結果、売り手と買い手の双方がM&Aを前向きに進めたい場合、基本合意を締結することが一般的です。

基本合意に法的な拘束力はありませんが、何をM&Aの対象とするか、売買価格はいくらにするか、いつまでにM&Aをするかなどの内容を双方が確認しておくためのものです。

また基本合意の締結前は、売り手は複数の買い手と交渉できますが、基本合意後は、通常、買い手に独占交渉権が与えられます。

なお、基本合意は法的な文書ではないため、省略されることもあります。売買金額が低く、そこまで手間をかけたくない場合や、双方が取引を急ぎたい場合などです。

また、買い手から売り手に対して、買い付けの「意向表明書」が提出され、それが基本合意の代わりとされることもあります。

なお、基本合意書などの書面は、M＆A仲介会社に依頼している場合は、もちろんM＆A仲介会社が用意してくれます。M＆Aプラットフォームを利用する場合は、M＆Aプラットフォームが用意しているひな形（テンプレート）を利用することが一般的です。

▼注意点

商売において、昔は、「お客様は神様です」という宣伝文句がありました。今は、カスタマーハラスメントなどが叫ばれるようになり、客だからどんなわがままでも言っていいと考える人は少ないと思います。しかし、選ぶのは客であるのが、通常の商売です。その店で買うか買わないかは客の自由というのは、事実だからです。

M＆Aにおいても、そういった感覚を持ち込んでしまう買い手がたまにいます。はっきりと言葉に出すことはしませんが、買ってやるという意識が言葉の端々に表れてしまう人です。

しかし、このような意識は、大きな勘違いです。そもそも売り手と買い手は対等であるだけではなく、M&A案件の多くは複数の買い手候補が現れる売り手市場なのです。面談の場でも、卑屈になる必要はもちろんありませんが、譲っていただくくらいの気持ちで売り手に接するのがちょうどよいのです。

なお、M&A仲介会社を通しての売買なら、アドバイザーに尋ねればトップ面談でどんな話をすればいいのかといったことも教えてくれるはずですから、遠慮なく相談するとよいです。

M&Aの流れ⑤

デューデリジェンス(DD)

基本合意を結んだあとは、一般的には「デューデリジェンス」が実施されます。英語では、Due Diligenceで、略してDDとも呼ばれます。

M&Aにおけるデューデリジェンスは、日本語では「買収監査」といい、買い手が売り手の会社や事業について、売買金額に見合う価値があるのか、隠された問題はないかなど詳細に調べることです。調査する分野は財務、税務、法務(労務)、ビジネスモデルなどが中心となります。

例えば業績や財務については、売り手が提示する決算書などの財務資料があっても、それが業績・財務の実態を正しく反映しているとは限りません。中小企業の場合は、金融機関対策や節税対策で、決算をある程度、操作していることのほうが普通だからです。なかにはあからさまな粉飾決算をしている会社や、ひどい場合は二重帳簿を作成している会社もあります（違法）。

業務の実態などと照らし合わせながら、そういった部分がないか、あるとすれば、書類と実態との差がどれくらいなのかを調べるのです。

また、簿外債務、偶発債務などがないかも可能な限り洗い出します。よくある簿外債務は、退職給付引当金や給与引当金です。偶発債務は未払い給与、未払い残業代などが代表ですが、それ以外に業種によっては過去のパワハラ、セクハラの訴訟リスクを抱えていないかなども含まれます。

さらにはM&A後に事業の運営主体が変わることによる、収益力の変化の可能性なども調べることもあります。例えば売り手会社の社員が持っている特殊な技術が、収益に大きく寄与している場合に、M&A後にもしその社員が退職してしまった場合、収益にどの程度の影響を与えるのかといった点です。

それらをすべて洗い出して、その会社や事業の実態に即した、正しい収益力（正常収益力）を求めるのです。

M&Aの売買価格については、基本合意の段階でいったん合意されています。しかしそれはあくまでデューデリジェンスをする前の、いわば売り手の一方的な情報を基にして算出された価格です。
デューデリジェンスで正しい状況を把握したうえで、必要があれば価格の調整などを行い、クロージング（最終契約締結）へと進みます。

▼注意点

デューデリジェンスは、買い手が主体となって行うものです。といっても、買い手が自分でデューデリジェンスをすることはできませんから、専門会社や会計士、弁護士などの専門家に依頼することになります。

売り手の会社や事業の規模、またどの範囲までを調べるのかにもよりますが、最も重要な財務と税務だけに絞っても、数十万円から１００万円程度の費用がかかります。スモールＭ＆Ａを考えている人には、かなり重い負担となります。

M&Aの流れ⑥

最終契約（クロージング）

デューデリジェンスを経たあとの、条件の調整などが合意できれば最終契約を結びます。株式会社の売買の場合は「株式譲渡契約書」、事業売買の場合は「事業譲渡契約書」を作成して取り交わします。

最終契約書では、契約の実行日時、売買価額、実行後の義務、秘密保持など一般的な売買契約の内容が記載されますが、それ以外に「表明および保証」という条項が設けられます。表明および保証という言葉は、なじみのない人も多いかもしれませんが、Ｍ＆Ａの契約においては非常に重要なポイントになります。

これは簡単にいうと、最終契約時点で売り手が提示した情報が正しいということを売り手が表明して保証をするというものです。

なぜこれが重要なのかといえば、デューデリジェンスを実施したとしても、会社についてのすべてを調べることは不可能だからです。売り手が不都合な情報を、意図的に隠蔽していることもあり得ます。そこで「この情報は間違いありません」ということを売り手が買い手に対して表明して、正しいことを保証するというのが、表明および保証の条項です。

さらに、表明および保証と併せて、その記載内容に反する事実がM&A後に発見された場合には、金銭の補償をする条項なども盛り込みます。例えばM&A後の1年以内に、簿外債務が発見された場合は、その金額を売り手に請求できる、といった具合です。

こういった内容を織り込んだ最終契約書を作成して取り交わし、買い手が売り手に代金を支払えば、Ｍ＆Ａの契約は成立です。

▼**注意点**

表明および保証条項に何を織り込み、どこまでの補償を求めるかは、非常に繊細な問題です。幅広い保証と、多額の補償を求めれば、売り手にとって不利になりますし、狭く限定すれば買い手にとって不利になります。

また、売り手の業種や事業内容によっても、必ず表明および保証で押さえておきたい重要なポイントと、さほど重要ではない点は異なってきます。

株式譲渡契約書などの一般的なひな形は、M&Aプラットフォームからダウンロードなどして入手できますので確認しておいたほうがよいです。実際のM&Aにおいては、可能であれば弁護士などの専門家に助言を受けるほうが望ましいです。

M&A仲介会社の種類と費用

中小企業のM&Aが現在のように一般化したのは、M&A仲介会社の営業努力によるところが大きいと思います。実際、中小企業がM&Aに取り組む際には、売り手になるにしても買い手になるにしても、M&A仲介会社に仲介を依頼することが一般的です。

そのほかに、事業承継・引継ぎ支援センターを利用したり、メインバンクの紹介を受けたり、顧問税理士や顧問弁護士など士業者からの紹介を受けたりして、M&Aに取り組むこともあります。

しかし、入り口ではそれらの機関や士業が窓口になったとしても、取引の実務段階ではM&A仲介会社につながれることもよくあります。やはり実務面では、数多くの取引をこなしてきたM&A仲介会社がサポートするほうが、スムーズに取引が進むためです。

2024年3月現在、中小企業庁が運営するM&A支援機関登録制度に登録されているM&A支援機関は、3123件あります。そのうち「M&A専門業者（仲介）」として登録されているのが702件、「M&A専門業者（FA）」として登録されているのが、397件です。合計で約1100件ものM&A専門業者が存在しています。

また、M&Aプラットフォームを営むM&Aプラットフォーマーは、26件が登録されています。

なお「仲介」とは、売り手と買い手の間に立ってマッチングをさせる業務であり、「FA」（ファイナンシャル・アドバイザー）とは、売り手または買い手のどちらか一方に対してのみ助言や交渉代理などのサポートをする業務です。仲介では、売り手と買い手の両方から手数料などの報酬を得ます。一方FAは、当然ながら一方からしか報酬を得ません。FAは比較的規模が大きいM&Aの場合に活用されることが多く、中小企業のM&Aでは仲介によって取引されることが大半です。

M&A仲介会社が仲介業務とFA業務の両方を使い分けて行う場合もありますし、FAしかしないFA専門の会社もあります。

ここでは中小企業と親和性が高い、仲介業務について検討します。

取扱件数や売上高で見ると、M&A仲介会社のトップグループは、株式市場に上場している大手6社（日本M&Aセンター、M&Aキャピタルパートナーズ、ストライク、M&A総研、オンデック、名南M&A〈名古屋証券取引所〉）です。それらの中でも、日本M&Aセンターは、現在のM&A仲介というビジネスモデルを最初に構築した会社であり、業界のトップランナーだといえます。

次に、非上場の大手M&A仲介会社があります。fundbook、M&Aベストパートナーズなどです。

こういった大手M&A仲介会社の場合、中小企業とはいってもある程度企業価値が高く、売買金額が高額になる案件のみを扱います。それは仲介手数料に表れています。例えば最大手の日本M&Aセンターの場合、成功報酬は売買金額に所定の料率を掛けた金額になりますが、その最低金額が2000万円に設定されています（売り手、買い手の両方とも）。

それ以外に、契約を依頼した場合の着手金が最低100万円必要で、これは途中で取引が破談になっても、返してもらえません。

また、基本合意成立時には中間報酬が最低500万円かかります。ただし、中間報酬は最終契約が実現した場合は、成功報酬から減額されます。

つまりM&Aが成功した場合、最低でも2100万円の報酬を払わなければなりません。さらにデューデリジェンスなどの費用は別途必要です。

同社はトップランナーであり実績もダントツであるため、大手の中でも高額な料金になっていますが、大手他社もそれほど違いはありません。そのため売買金額が1000万円以下のスモールM&Aでは、大手仲介会社に依頼することは、割に合わないのです。

大手M&A仲介会社は、社員に非常に高い給与を支払っています。あまり知られていませんが、東京証券取引所に上場している全企業（約4000社）の中で、最も社員の平均年収が高い企業は、M&Aキャピタルパートナーズです。その金額は、なんと3161万円です。他社もそこまでは高くはありませんが、それに近い水準です。これだけ高い給料の社員ですから、最大限効率よく稼がなければなりません。

一方で、M&A仲介会社にとってM&Aの実務にかかる手間は、売買金額が高くても低くてもあまり変わりません。そのため、どうしてもM&A仲介会社が得られる報酬単価が高い案件に力を入れます。率直にいえば、スモールM&Aは相手にしてくれないのが現実です。

とはいえ、現在登録されているM&A仲介会社だけで約700社もあります。またM&A市場の中には、スモールM&Aを実現したいというニーズも常に一定の割合であります。そうすると、M&A仲介会社の大手が手を出しにくい市場である、スモールM&A市場をターゲットとして事業展開するM&A仲介会社も当然出てきます。

1000万円以下のスモールM&AでM&A仲介会社に依頼をしたいなら、大手M&A仲介会社は避けて、小規模案件専門のM&A仲介会社に依頼したほうがよいと思います。ウェブサイトを見れば「小規模案件に強い」「低額から対応可能」などとうたっているM&A仲介会社がいくつもあります。そういうM&A仲介会社は、成功報酬の最低額も100万円からなど、大手と比べるとかなり低い金額が設定されていることがあります。

ただし、手数料の金額だけでM&A仲介会社を選んではいけません。案件の情報が少なかったり、こちらのニーズに対する理解力やM&Aの実務能力などが低いM&A仲介会社に依頼しても、M&Aが実現できなかったり、不本意な結果に終わる恐れもあります。

あくまで、質の高いM&A仲介業務をしてくれる会社であることが大前提です。

しかし正直なところ、会社自体の質を事前に判断するのは難しい面があります。大手M&A仲介会社なら、組織がしっかりしているので、最低限の業務品質を確保しているという安心感はありますが、スモールM&Aの場合は大手に依頼することは非現実的です。

このような点から特にスモールM&Aにおいては、実際に接する営業担当者(アドバイザー)の質の違いに注目すべきだと考えます。したがって、どんなM&A仲介会社を選ぶかというよりも、どんなアドバイザーとどのように付き合うかのほうがずっと重要だということです。

不動産仲介とM&A仲介の違いからM&Aアドバイザーを考える

私は、以前から不動産売買や賃貸業も行っており、不動産売買の取引に長く携わってきました。そのためM&Aの取引を、不動産と比べてしまうところがあります。実際、投資用不動産の取引と、M&Aの取引は共通する部分も多いのです。投資用不動産も、会社も、投資をすることによって利益を生み出す対象という本質的な部分を抽出すれば、共通するからです。

しかし、取引の実務面では当然違いがあります。不動産業は宅地建物取引業法で規制がされていますが、M&A仲介業にはそのような業法が存在しません。法的な規制がない業界で、せいぜい「中小M&Aガイドライン」のような法的拘束力のないガイドラインか、業界団体による自主規制がある程度です。

業法により、不動産の仲介業務を行う担当者には、宅建士の資格が必要とされています。これは裏返せば、担当者には一定の業務や法律の知識が担保されているということです。また、不動産売買の仲介手数料は売り手と買い手のそれぞれから3%ずつと、法律で上限が定められています。

一方でM&A仲介業には業法がないため、担当するアドバイザーにも法的な資格が必要とされていません。知識があってもなくても、誰でもM&Aアドバイザー業務を行うことができるのです。また、仲介手数料にも法的な規制がありません。その点ではM&A仲介のほうが、アドバイザーの質のばらつきが大きく、悪くいえば「なんでもあり」の世界だと感じます。

なおM&A仲介業では、M&A業務を担当する営業担当者に対する呼称も定められていません。各社はそれぞれの考えにより「M&Aアドバイザー」「M&Aコンサルタント」などと呼んでいますが、アドバイザーと呼称するM&A仲介会社が比較的多いため、本書でも「アドバイザー」と呼びます。

M&Aアドバイザーの見極め方

どんなM&Aアドバイザーと付き合いたいかという点に関しては、まず、当然ながらM&Aに関する基本的な業務知識を持っていることが必要です。

なかには、財務や会計、税務などについて、本当に基本的なことも知らないアドバイザーもいます。会計は企業や事業の価値を評価するうえでのベースになるものですから、それを知らなければM&Aアドバイザーは務まらないと思いますが、実際に私のところに営業に来るM&Aアドバイザーと話をしてみると、そういう基本知識すら持たない人が、ちらほらいるので驚きます。残念ながらそれがM＆A業界の実態だということです。

基本的な業務知識があることは大前提として、人柄という点に関しては、個人の好みも多少は関係あると思います。売り手情報が豊富で、多くの案件情報を持ち込んでくれる人がいちばんいいという考え方ももちろんあります。

しかし、私がM＆Aアドバイザーに求めるものは、なによりも人間的な誠実さです。つまり、ウソをつかず正直で、かつ真面目に仕事に取り組んでくれる姿勢を重視します。

不動産は個別性が高く、世界に2つと同じ土地はありませんが、M＆Aで取引される会社や事業も同様で、同じ会社というのは2つは存在しません。

仲介業者は仕入れた物件や案件を売らなければならないのです。なんとかしてそれをよく見せようとします。個別性が高くほかとの比較が難しい面があるため、担当者が不誠実な人間の場合、ごまかそうと思えばいくらでもごまかして売ることができます。良くない面は良くない、問題は問題だとはっきり教えてくれるアドバイザーでなければ、不安が残ります。

誠実さを確認するには、とにかく質問をすることです。アドバイザーとはいえ、なんでも知っている人はいません。分からないことをごまかしたり、ウソをついたりせずに、分からないと正直に答えてくれることが、まず必要です。そのうえで、その分からなかったことを会社に戻ったその日のうち、遅くても翌日には、調べて連絡してくれれば、かなり信用できます。

M&Aは短くても半年程度、長ければ1年以上の時間がかかることもあります。その間、M&Aアドバイザーとはずっと付き合っていかなければならないので、人間的な相性が合うことがとても大切です。

この点について、M&Aアドバイザーに限った話ではないのですが、仕事で付き合う人については、最初に会ったときの第一印象で、ほぼ90%以上、その人が自分と合うか合わないかを判断できると思っています。第一印象といっても特別なことはなく、服装や身だしなみをきちんと整えている、髪や爪などを手入れしている、しっかりと磨いた靴を履いている、相手の目を見てしっかり話す、不相応に高価なブランド品を身につけていない、など、社会人一年生が教えられるようなことです。しかし、営業担当者であっても、そういったことを完璧に実行できている人は、案外少ないものです。

M&A仲介会社のアドバイザーにはなるべく会って「いい買い手」になる

昨今のM&Aブームにより、M&A仲介会社の営業競争も激しくなっています。企業経営者なら、M&A仲介会社からの電話やDM、メールなどによる営業を受けたことのない人のほうが少ないと思います。

こちらが望まない営業活動というのは、うっとうしく感じるものです。なかには、営業はすべて断るという経営者もいるかもしれません。

しかしM&Aを検討するのであれば、M&A仲介会社のアドバイザーの営業訪問はなるべく対応して話を聞いたほうがいいというのが私の考えです。

M&Aの売り案件はそれぞれが世界に1つしかないものであるため、情報の入手が非常に重要だからです。多くのアドバイザーと付き合うことで、多くの売り案件情報を得られることは有益です。また、優秀なアドバイザーであれば、売り案件情報以外にも、例えば最近の経済・金融情勢、業界動向、法律や税制の改正など、さまざまな分野における有益な情報をもたらしてくれるものです。そういった話を聞くだけでも無駄にはなりません。

さらには、経営に対するヒントを与えてくれるアドバイザーもいます。

とはいえ、こちらにメリットのある情報をもたらしてくれる優秀なアドバイザーか、そうでないかは会ってみなければ分かりません。そのため、なるべく多くの人に会ってみるほうがよいのです。

また、そのアドバイザーがメリットのある情報をもたらしてくれる人物だと分かったら、こちらも相手にとってもメリットのある行動を取ることが非常に大切です。簡単にいえば「いい買い手」、売り手やアドバイザーにとっていい客になるということです。いい買い手にはいい案件が集まります。このことを、私は長く続けてきた不動産投資事業での経験から学びました。

いい案件は優秀な人（アドバイザーなど）が持ってきてくれるものです。そこで、自分が優秀なアドバイザーにとってのいい買い手になれば、その人との関係性が良好になり、自ずといい案件を優先的に紹介してくれるようになります。

もし一生に一回しかM＆Aをしないのなら関係ありませんが、今後もいい案件をどんどん買ったり、売ったりして事業を成長させていきたいと思うのなら、自分がアドバイザーにとってのいい顧客になることも大切です。

例えば、紹介された案件を買う買わないの判断をすぐにしたり、買うと決めたら、細かい条件などを出さなかったり、といった人がいい買い手にあたります。値段も、基本的に相手の言い値で買います。

逆にアドバイザーにとって最悪なのは、買うそぶりを見せながらも、有利な条件を引き出そうとして、だらだらと契約を引き延ばす客です。こういう客に対しては、アドバイザーもいやな気持ちになります。人間ですから感情で左右されることは仕方ありません。

結果として、その取引では多少安く買えたとしても、その後の良好な関係を続けることは難しいと思います。

目先の小さな損得を気にするよりも、相手も喜ばせることで長い目で見て大きな利益をもたらす win-win の関係を築くことが、アドバイザーと付き合うコツです。

これは、M&Aプラットフォームを利用してアドバイザーが介在しない場合は、売り手に対しても同様のことがいえます。

アドバイザーのアドバイスで、売り手から買い手になって成功

私が最初に行ったM&Aは、まさにアドバイザーのおかげで成功しました。

あるとき、大手M&A仲介会社のアドバイザーのAさんからDMと電話で営業がありました。私はM&Aに少し興味があったので、会うことにしました。

Aさんの第一印象は非常によく、話にもウソやごまかしがないと感じ、私はAさんを信頼できるアドバイザーだと判断しました。

Aさんと話をするうちに、私は当時経営していた会社の建設事業に限界を感じていたので、この事業が売れないかと考えました。

建設業界というのは、施主から直接発注を受ける元請のゼネコンがあり、そこから一次下請、二次下請……と下請けに仕事が流されていく多重下請構造の業界です。その階層が上になればなるほど、利益が大きくなります。

私が経営していた地盤調査の事業は、二次下請のポジションで、必死に経営努力はしていたものの、業績は芳しくありませんでした。私は、なんとかしてより有利な一次下請になれないかと努力したのですが、業界内の慣習やさまざまな規制などの問題から、二次下請の会社が一次下請になってゼネコンから直接仕事を受けることはほぼ不可能だったのです。そのため、その事業の将来の成長可能性は低いと考えていた私は、事業の売却を考えました。

私は自社の状況をAさんに詳しく説明して、事業が売れないだろうかと相談したところ、Aさんは意外な提案をしました。売るという方向で検討してもいいが、それと並行して、他社を買って一次下請のポジションを得るという方向も検討してはどうかというのです。

当時の私には業界内での取引関係や商流上のポジションを得るために会社を買うという発想がなかったので、とても驚くとともに、魅力的なアイデアだと思いました。

しかし、アイデアはよくても、実際に売り物となっている会社が存在しなければ絵に描いた餅です。ところが、Aさんはそれからしばらくして、実際にそれにぴったりの会社の売却案件を持ってきたのです。

しかも、それはAさんの会社でほかの買い手候補にも公開されている案件ではなく、私だけに教えてくれる非公開案件ということでした。

私は、いい案件を持ってきてくれる人とのつながりは非常に大切だということ、また、そのような案件は即答しない限り、すぐにほかに持っていかれてしまうし、そうなると二度とその相手はいい話を持ってきてくれないということを知っていました。Aさんが紹介してくれたとき、私が二つ返事で「買います」と答えたことはいうまでもありません。

それが、私が最初にM＆A買収をした建設会社Aです。

最初のM＆Aだったため、あとから考えると、もっとこうすればよかったという反省はあります。しかし、買ったこと自体は成功だったと思います。

M＆Aプラットフォームを活用する

スモールM＆Aの場合は、M＆A仲介会社に依頼すると、そこに支払う手数料が、売買価格に対して割高になりすぎることがあります。

私の経験でも、あるM＆A仲介会社から紹介を受けた売り案件で、売り手の希望価格が500万円ほどの手頃で魅力的な事業がありました。ところが話を聞いてみると、仲介手数料が300万円だといいます。それではとても見合わないので、断りました。

なかには、もっと安価な手数料で優良案件を紹介してくれるM＆A仲介会社もあるかもしれませんが、やはり500万円以下程度の、スモールM＆Aの中でも特に低額な案件では、M＆Aプラットフォームを利用するほうが適していると思います。

さまざまな中小のM&Aプラットフォームはありますが、まず「バトンズ」と「トランビ」の2つに登録して売り案件を探すのがいいと思います。両者ともに、買い手としての登録自体は無料でできます。登録すると、売り手が登録している売り案件情報を閲覧できるので、興味がある売り手に連絡をして、直接売買交渉をします。

Chapter
3

M＆Aで重視すべきは「やりたいこと」よりも、
ビジネスとしての成長可能性──。

譲渡価格数百万円でも
「ダイヤの原石」は見つかる!

M&Aの目的を考える①

成長マトリクス

M&A仲介会社にもM&Aプラットフォームにも、M&Aの売却案件は多数登録されており、日々追加されています。漠然と「M&A買収をしたい」という段階から先に進むためには、具体的に求める会社や事業を決めて探していく必要があります。

中小企業がM&A買収をする主な目的は、自社の成長拡大です。そこで、自社がどのような戦略で成長を目指すのか、また、そのために不足している、あるいは強化すべき部分はどこなのかといった点を分析します。そのうえで、何を求めてM&Aをするのかという獲得目標を考える必要があります。

これらの分析を経て、M&Aの目的を定めれば、無駄な買収をしてしまう恐れがありません。M&Aの目的を「①成長マトリクス」「②バリューチェーンの補完・強化」「③経営資源などの獲得」の3つの観点から考察すると、企業が限られた経営資源の中で効率よく成長していくためには、対象を戦略的に絞り込んで資源を集中投下することが必要です。どのような事業展開に注力すべきかを考えるためのフレームワークとして有名なのが、アンゾフという経営学者が考案した「成長マトリクス」（アンゾフの成長マトリクス）です。

アンゾフの成長マトリクス

		製品（自社が提供する製品・サービスなど）	
		既存	新規
市場（対象となる個人・組織）	既存	市場浸透戦略 既存製品×既存市場	新製品開発戦略 新規製品×既存市場
	新規	新市場開拓戦略 既存製品×新規市場	多角化戦略 新規製品×新規市場

出典：経済産業省「ミラサポ plus」

成長マトリクスは、自社が対象とする市場と自社の製品のそれぞれを「既存」と「新規」に分け、それらの組み合わせによって新規事業の戦略を4つに分類し、どの戦略で事業拡大をするのかを考えるためのフレームワークです。

成長マトリクスは、成長の戦略タイプを「市場浸透戦略」「新製品開発戦略」「新市場開拓戦略」「多角化戦略」の4つに分類します。

市場浸透戦略は、既存の市場で既存製品のシェアを広げたり、購買頻度を増やしたりすることで成長を図るものです。

新製品開発戦略は、自社がシェアを持つ既存市場に新商品を投入する戦略ですが、M&Aで買収した事業により新商品の開発をすることができます。

新市場開拓戦略は、自社の既存製品やそのバリエーションを新たな市場に投入する戦略です。例えば、女性市場に投入していた化粧品製品を男性向けに改良して、男性市場を開拓するといった具合です。その際に、すでに男性市場で別商品でのシェアを持つ会社をM&A買収して、新市場へ進出する足がかりとするといったことが例になります。

最後に、多角化戦略ですが、今までになかった商品を用いて、新しい市場に取り組むという、狭義の新規事業展開といえるものです。これを自社内でゼロから立ち上げようとすると時間がかかり、失敗リスクも高いため、M&Aと相性がよい戦略分野です。

漠然と、M&Aで新しい成長事業ができないだろうかと考えるよりも、こうしたフレームワークを用いて考えると、M&A買収対象選定のヒントとなります。

M&Aの目的を考える②

バリューチェーンの補完・強化

企業はさまざまな活動をしていますが、これは川の流れのように上流から下流への流れとしてとらえることができます。例えば、製造業であれば原材料や部品などを調達して製造し、マーケティングや営業を経て販売します。小売店であれば、商品を仕入れて販売します。調達や仕入れが上流で販売が下流です。

これは企業内に限った見方ですが、より視野を広げれば原材料や部品などを製造している企業がありますし、下流では製品を販売する小売店やＥＣサイトがあります。

このように、他社までを含んだモノやサービスの流れという観点で事業をとらえたものを「サプライチェーン」と呼びます。また、その個々の工程で次々に価値が付加されていくという観点から見て、バリューチェーンと呼ばれる考え方もあります。

企業がより高い価値を生み出すための方策の一つとして、バリューチェーンの補完、統合、強化などが考えられます。その観点からＭ＆Ａをとらえることも可能です。

例えば、雑貨を製造して問屋に卸していたメーカーが、自社でＥＣサイトを立ち上げて直接消費者に販売するのは、バリューチェーンを下流に広げた例です。また、アパレルを販売していたショップが、自社ブランドの衣服を製造するのは、バリューチェーンを上流に広げた例です。製造業の企業が、倉庫や物流を他社に委託するのではなく、自社でまかなうというのも、バリューチェーンの拡張です。このように、バリューチェーンを伸ばすことにより、他社に支払うマージンなどのコストを削減できたり、収益を獲得できる機会が増えたりする効果が得られます。そして、その拡張する機能を入手するために、Ｍ＆Ａ買収が用いられるのです（バリューチェーンにおける調達、製造、マーケティング、販売などの各部分をバリューチェーン上の「機能」と呼びます）。

このようにバリューチェーンの上下の機能を自社に取り込むことを「垂直統合」、あるいは「垂直多角化」といいます。

これはM&Aでいうと、仕入れ先や販売先となるような会社・事業を買収するM&Aです。

垂直統合が向いているのは、独自の技術を持っているなど、製品やサービスの市場競争力が強い事業や、高い製品品質、ブランド力などで消費者に訴求できる事業です。

一方、例えばマッサージ店を経営している会社が、別のエリアで経営しているマッサージ店を買収して市場を広げるということもあります。これはバリューチェーン上の機能としては同じ部分を量的に拡大することで、市場シェアを高めるなどの強化を図ることです。このような目的で他社などを取り込むことを「水平統合」、または「水平多角化」といいます。

これは言い換えると、同じ事業を営んでいる同業者を買収するM&Aです。

また水平統合には、強みを持つ技術やノウハウなどの経営資源を応用して横展開しながら、近接市場に進出するものもあります。例えば和食店を営む調理人が、その和食の技術を応用してラーメン店を開いてラーメン市場でも事業展開するといったものです。その際にラーメン店自体はM&Aで買収することができます。

水平統合が向いているのは、規模の経済性（事業規模が大きくなるほどコストが減少し、競争上有利になる現象）が発揮できる事業や、市場シェアが重要になるビジネスモデル、比較的商圏が狭いエリアビジネスと呼ばれるビジネスモデルなどの事業の場合です。

垂直統合と水平統合

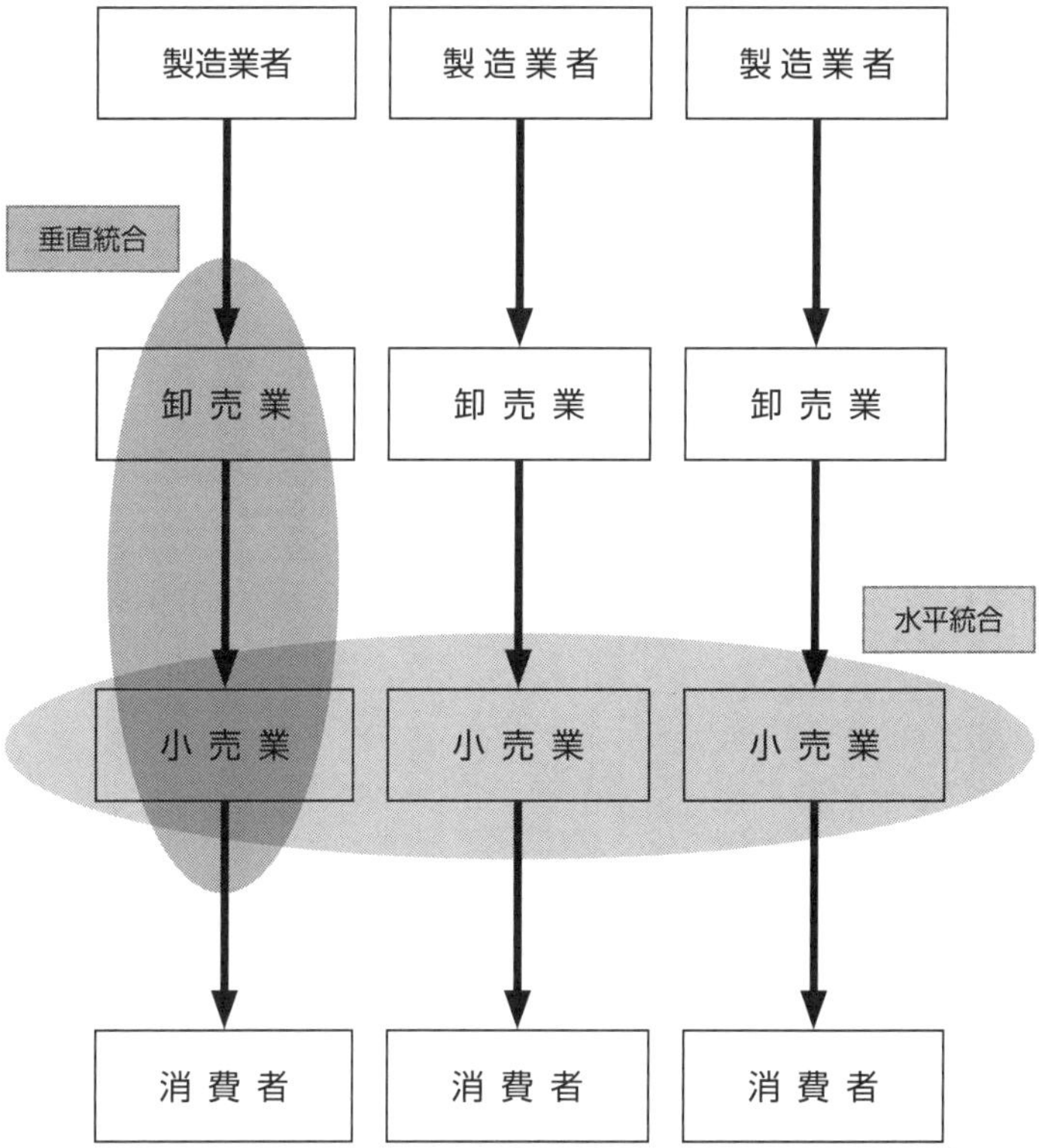

出典：「販売士とリテールマーケティング」

自社の将来にとって垂直統合を目指すことと、水平統合を目指すことのどちらがより成長発展に結びつくのかを考えて、買収候補を探します。

M&Aの目的を考える③

シナジーも意識する

シナジーとは、2つのものが組み合わさることにより、単純な和を超える効果が生み出せることです。つまり、1+1が2ではなく、3にも4にもなっている状況です。

M&A買収に関して、その買収をすることで、買収した事業そのものが生み出す収益が得られることに加えて、既存事業の売上が伸びたり、コストが削減されたりした場合、それをシナジー効果が生じているといいます。

シナジーは単に販売面での効果以外に、仕入れや生産におけるシナジー、組織運営におけるマネジメントシナジーなど、さまざまな面での効果があります。

垂直統合にしても水平統合にしても、あるいは既存事業との直接の関連性がない無関連多角化にしても、既存事業とのシナジーが生じる部分がないかどうかを、必ず考えるべきです。

M＆Aの目的を考える④

経営資源などの獲得

自社に不足する経営資源を獲得することが、M＆A買収の目的になることもあります。

経営資源は、一般的に、人、モノ、カネ、情報とされます。これらは事業を続けていくなかで徐々に社内に蓄積されていくものですが、獲得が難しいものや長い時間がかかるものなどもあります。M＆Aによってそれらを入手できる場合はよくあります。

▼事業そのもの（ビジネスモデル）

事業を買うとは、ビジネスモデルを買うことにほかなりません。

ビジネスモデルとは、「何を仕入れて何を作るのか」「どんな市場で、誰に対して、どんな価値提供をし、どのように収益を上げるのか」といった点です。利益を生み出すバリューチェーンの組み立て方といってもよいです。

すでにビジネスとして稼働し、黒字化している事業を買うということは、完成しているビジネスモデルや完成しているバリューチェーンを買うことにほかなりません。

私が買収した沖縄のバー2軒は、事業そのものが欲しかった例です。私は以前から飲食店の経営に興味があったのですが、ゼロから始めるのはハードルが高いと感じて、躊躇《ちゅうちょ》していました。そこに、たまたま知り合いから店を売りたいという話を聞いたので、よい機会だと思って買収しました。店長にもそのまま継続して働いてもらいましたから、M&A後の1日目から店が回り、売上が立ちます。短期で新しいビジネスを始められたという点では成功でした。

▼顧客

ビジネスモデルの一部ですが、顧客（B to C）や販売先（B to B）を買うという考え方もあります。

どんな新規事業でも、最も大変なのは、新しい顧客を獲得して、売上を作ることです。最初から顧客がついているというのは、M&Aの最大のメリットかもしれません。

また、顧客を単に買収した事業の顧客とするだけではなく、既存事業の顧客にもできれば、いわゆる販売シナジーの効果が得られることとなり、非常に大きな成果をもたらす可能性があります。

例えば、健康器具販売の会社が、サプリメント事業の会社を買収したとします。サプリメント事業の顧客は健康に関心を持つ層ですから、健康器具にも興味を持つ可能性が高いと考えられます。そのため、このM&Aで、従来の健康器具販売事業でも一気に顧客を増やすことができるというわけです。逆に、サプリメント事業のほうに、健康器具販売事業の顧客を送り込むこともできます。

なおBtoB事業の場合、M＆Aによって経営者が交代したことを理由として、取引先が取引関係を見直す場合があります。取引先が誰と取引をするかは自由ですから、それを制限することはできませんが、BtoBで主要な取引先から取引関係を見直されることは、大きな打撃になります。

私の場合、建設会社を買収したときは、そのようなことが生じる見込みが少ないということを売り手に確認したうえで、M＆Aの最終契約に、M＆A後6カ月以内に主要取引先との契約が解消された場合は、売り手に一定の金銭的な補償をしてもらうという条項を入れてもらいました。それが実際、どの程度の効果をもたらすかは分かりませんが、対応策の一つにはなると思います。

▼人材

日本全体の人口減少、特に若年人口の減少によって人材不足が進行しています。

「優秀な人材を採用できない」「採用をしてもすぐに辞めてしまい定着しない」「仕事を覚えて

もらうまでに時間や費用がかかる」といった悩みは、中小企業の経営者であれば誰もが共通して持つものだと思います。

希少性が増す一方である人材という経営資源を、一度に得られる機会がM&A買収です。

会社買収の場合、売り手の会社で働いていた従業員は、通常そのまま勤務を続けてくれます。しかも当然ですが、業務には精通しているため、基本的には業務教育の必要がない即戦力の社員です。実際、労働集約型の業種、例えば建設業や運輸業、SIer（コンピュータシステム開発会社）などでは、人材を獲得することを目的としたM&Aというのは頻繁に行われています。

なお、マネジメントクラスの人材には、M&Aに際して前社長との特別な関係があって働いていたため、社長が交代するなら自分も辞めるという人もいます。そういう人が業務上重要なキーパーソンだと困るので、少なくともキーパーソンについては、M&A後の退職意向があるかどうかをM&A前に確認しておいたほうがよいです。

また業務買収の場合は、その業務に携わっていた従業員にそのまま自社に移ってもらうことはできず、一度前の会社を辞めてもらったうえで、改めて自社に入社してもらうという転籍の手続きが必要です。会社買収のように、自動的に従業員が得られるわけではないので、実際にどれくらいの従業員が転籍してくれそうなのかは分かりません。事前に売り手への十分な確認をしておく必要があります。

▼立地

店舗ビジネスにおける最重要の要素が立地であることは常識だと思います。

しかし好立地の不動産などはなかなか空くことがありません。もし好立地の不動産で行われている事業がM&A売却されていれば、そのビジネスというより立地を手に入れるために買収することは十分検討に値します。このときに注意しなければならないのは、多くの場合、その建物や土地は賃貸なので、M&A後もその場所で同じビジネスができるのか、所有者に確認をとっておく必要があることです。なかには、実は自分で使いたかったので賃貸契約を解除したいというケースもあるからです。また賃借人が変わることで、家賃などの条件が変更される場合もあります。

私はもともと、沖縄でレンタカー事業を行っていましたが、場所があまり良くなく、苦戦していました。そんななかで、那覇空港に近いという好立地のレンタカー事業のM&A売却案件を知ったため、すぐに買収しました。その後さらに、同じく那覇空港近くの別のレンタカー会社も買収しています。この2件のM&Aは大成功で、我が社の業績を大きく伸ばしてくれる事業になりました。

▼商流、取引口座

商流におけるポジションや、取引先と取引関係などを獲得するためにM&Aをするという考え方もあります。

端的なのは仕入れ先、販売先との取引口座です。商品を仕入れるために卸売業者との間での取引口座、商品を販売するために販売先企業との間での取引口座などが必要になることはよくあります。いわば仕入れることができる権利、販売することができる権利です。ところが業界によっては、その口座開設自体のハードルが高いことがよくあります。取引口座を開きたいと望んでも門前払いされてしまい、取引ができないということです。

また、発注者、元請け、一次下請、二次下請……と多重下請構造になっている業界は少なくありません。多くの場合、商流が上位になるほど、より高い収益を得ることができます。しかし、その商流のポジションが既得権益化していて、高い参入障壁が築かれ、参入したくてもできないということもよくあります。

その場合に二次下請が一次下請になるなど、商流上、より上のポジションにある会社を買収することで、そのポジションを獲得します。

取引関係や取引口座は、法人（会社）と法人との契約関係で存在するものですから、M&Aで法人を引き継げば、基本的にそのまま承継できるのです。

ただし、事業譲渡の場合は別です。事業譲渡だと契約主体となる法人が変わるので、取引口座などが引き継げないことも多いのです。もちろん相手との交渉によっては、事業売買でも取引関係が引き継げることはあるので一概にはいえませんが、原則的に会社売買のように引き継げるものではないことは覚えておくべきです。

私の場合最初に買収した建設会社は、まさにこの商流上のポジションを主な目的として買収しました。

▼許認可などの無形資産

行政上の許認可がないと営めない事業もあります。

許認可が会社（法人）に対して与えられているのであれば、その会社を買収することで原則としてその許認可を引き継ぐことができます。

また、法人が所有する特許権や意匠権などの知財も同様に承継できます。

▼特別な有形資産

売却会社の貸借対照表に計上されている有形資産については、多くの場合M&Aでなければ引き継げないというものではありません。ただし、なかには特別な有形資産を持つ会社もあります。

2024年8月にM&A予定の沖縄のある飲食店は、その建物が文化財登録されている歴史的建造物でした。その建物だけを目当てに観光客が訪れるような建物であり、ほかに代えることができない価値を持ちます。そのような資産が事業上、どれだけの価値を持つのかという評価の問題はありますが、入手したい場合は、M&Aは有力な方法になります。

▼知名度、信用力、ブランド、人脈など

M&Aでは、知名度、信用力、ブランドなどの無形資産も承継することができます。これらの無形資産は、貸借対照表には計上されないものの、市場での競争優位性をもたらし、超過収益力を生む、希少な経営資源となります。

また、売り手あるいは会社に関わる役員などの人脈が、その後のビジネス展開に活用できる場合もあります。

▼時間

M&Aには「時間を買う」という意味もあります。

創業100年など、会社が長く続いているということは、それだけで信用やブランド力を生む源泉になります。創業100年の歴史は100年の時間をかけなければ作ることができませんが、創業100年の会社を買収すれば、それを一瞬で得ることができるのです。

また、ゼロから新規ビジネスを立ち上げて、収益を生むようになるまでには、時間がかかり

ます。しかし、変化の激しい現代では、収益化が実現したときには環境が変化してしまっており、ビジネスモデルが古くなっているということもあります。

すでに収益を生むビジネスモデルが構築されている会社を買えば、その時間を省くことができます。

特に変化が激しいテック業界などでは、時間を買うことを目的としたM&Aは、実際に頻繁に行われています。

▼経験

ビジネスは、実際にやってみなければ分からないことだらけです。始める前は、儲かりそうだとか、面白そうだと思っていても、いざ実際に取り組んでみたら、想像と違っていたということは、よくあります。そのために事前調査が重要なのですが、自分に合うかどうかまでは、いくら他社の事例を調べてみても、分かりません。試してみたいと思っても、そのためだけに新規事業を立ち上げるのは大変です。

そこで、一種のお試し期間として取り組んで、その事業を経験してみたいというときにも、M&A買収が役立ちます。すでにビジネスモデルが完成していれば、すぐに実地体験ができます。もし実際にやってみて、思ったよりも事業の可能性がないとか、自分には向かないと思ったら、売却をすればいいのです。

私は、以前から飲食店経営に興味がありましたが、なかなか試す機会がありませんでした。それで、沖縄のバーの売却意向を聞いたときは、一度経験をするにはいいチャンスだという気持ちで買収しました。

そして実際にバーの経営を経験したところ、非常に面白くて、また儲かる可能性もあるということが分かりました。そこで、その後アイス店、バー、飲食店など、数軒の飲食店を買収しています。それも、M&Aによりお試しで店舗経営経験ができたおかげです。

▼節税効果

中小企業が事業買収をした場合、買収した資産やのれんは、税務上の損金として計上できるため、節税効果があります。

M&Aの目的を考える⑤

前経営者の属人的な要素に注意

中小企業の場合は、その業容に多くの影響を及ぼしているのは経営者です。例えば、ファミリーレストランの大手チェーンで、経営者が交代したから味が急に変わるということはあり得ません。しかし、個人のラーメン店で、店主の交代によって味が変わることは、普通にあります。もちろんM&Aで店主が交代するなら、前の店主はレシピを残します。しかしレシピがあっても、どうしても微妙なコツのような部分は引き継げないので、味が変わってしまうのです。このコツのような、その人だから実現でき、ほかの人が代わりに担うことができないもののことを属人的な要素といいます。

M&Aにより獲得したい資源が明確である場合、それが前経営者の属人的な要素でないかどうかに十分注意しなければなりません。

例えば、経営者が特別な製造技術やマーケティングノウハウを持っている、経営者の人脈とコネが営業・販売に結びついている、社員が経営者を尊敬して献身的に働いているなどです。もしM&Aによって得たいと考えている要素が、こういった属人的な要素である場合は、経営者の交代により、それが失われてしまう恐れがあるため、十分に注意する必要があります。そうなってしまっては、なんのためにM&Aをしたのか分からないことになります。

もちろん、属人的な要素だけでビジネスを回している会社は少なく、ビジネスや業務を仕組み化している面もあります。また、属人的な要素があったとしても、重要なコア部分には影響を及ぼさない場合もあります。しかし、特に中小企業では、経営者の属人的な要素は、比較的大きくなることが普通です。

数字だけ見て「儲《もう》かりそうな会社」を買うのはNG！

M&Aで会社を買うとき、とにかく売上や利益の数字が高く、儲かりそうな会社ということだけを考えて、案件探しをしようとする人がいます。極端にいえば、利益率が高ければどんな会社でも問題ないという考え方で買収候補を選ぼうとしますが、こういう考え方は危険です。

その理由は以下の5点です。

① M&A後の収益性は必ず落ちる

その理由の1つ目として、どんな会社や事業でも、M&A後に経営者が交代すると、少なくともしばらくの間（数カ月から1年くらい）は、2〜3割は売上が落ちることが普通だからです。M&A前と同じ売上水準が維持されることはまずありません。ほぼ確実に売上が落ちます。そのため、売上や利益の数字だけを見て買収をすると、当てが外れたということになりがちです。

これは前経営者の属人的な要素があるためです。この社長だから発注するとか、この社長だから店に来るという取引先や顧客がいるといった属人的な要素は、M&Aで経営者が交代すればすべてなくなってしまいます。そのため、M&A後は通常売上が落ちるのです。残念ながら、中小企業では経営者の属人的な要素が大きいことは当たり前なので、中小企業のM&Aでこれを避ける方法はないと思ったほうがよいです。

そこでM&A後には、属人性を低めて誰がやっても同じ成果が出るような仕組み化を進めるといった経営改善を行い、下がった売上を元に戻し、さらには伸ばしていくことを目指さなければなりません。

②ビジネスモデルを理解していなければ改善も難しい

その際に重要なのが、自分がそのビジネスモデルをどれだけ理解しているかです。当たり前ですが、よく分からないビジネスは、改善の方向もやはりよく分からないのです。

逆に、そのビジネスの経験があって、ビジネスモデルをよく理解している事業なら、問題点の発見や改善施策の発案もしやすいはずです。また、自分の強みを活かせる場面も多くなるはずです。

そうであるなら、売上や利益が多少低い売り案件でも、ここはコストダウンして利益率を高められそうだとか、ここはうちの既存事業とシナジーが生まれるので売上が伸びそうだといったことが分かります。

あるとき、私のところにビジネスホテル売却の案件が持ち込まれました。業績データを見ると、コロナ明け後のインバウンド再開の波にうまく乗っているようで、業績は良いように見えました。しかし私は見送りました。

それは、私自身が宿泊ビジネスの経験がまったくなく、リスクが大きいと判断したためです。また、既存の事業との関連性やシナジーも見込めませんでした。それでも、スモールM&Aなら、試しに買ってみるという手もあるでしょうが、ホテル1棟なので、値段はそれなりに高額です。買えない金額ではなかったのですが、安全性を重視して見送ることにしたのです。

いくら数字が良くても、よく分からないものに手を出すことはリスクが高いのです。

逆にいえば、買収案件選びではそのビジネスの経験があってビジネスモデルをよく知っている事業を選ぶほうがリスクは低くなるということです。

完全に同じ事業ではなくても、例えばラーメン店と焼き肉店なら、「一般消費者を相手にしたBtoCの飲食ビジネス」ということでいえば、共通する部分は多いはずです。せめて、この程度の共通性があるビジネスモデルでの買収を考えるほうが安全だといえます。

③業績の評価もビジネスモデルが分からなければ不正確

そもそも、売り案件を見て、業績が良いとか、儲かりそうという判断を下す際にも、やはりビジネスモデルの理解がなければ、難しい面があります。

例えば、粗利率や営業利益率といった基本的な指標でも、業種が異なればその適正な水準はまったく異なるためです。自分が経験している事業を当てはめて、営業利益が10％も残るのだから、優良企業に違いないなどと判断してしまうのは危険です。

逆に同業種での経験値があれば、この数字がこれくらいなのはおかしい、ここはもっと経費を削れそうだといったことが的確に判断できます。

なお、業界ごとの利益率の平均値などについては、中小企業庁や民間の調査会社などが公表している資料などで調べることはできますが、スモールM＆A規模の企業には当てはまらないことも多く、本当に大雑把な目安にしかなりません。

④過去と将来は異なる

売り手が提示する資料はあくまで過去の、しかも一定期間のものであるという理由もあります。環境変化が激しい現代に、過去の数字が今後もそのまま続く保証はありません。

そのまま続く可能性が高いと判断するためには、例えばビジネスモデルにほかで得られない強みがあるなど、それなりの根拠が必要です。その根拠が見つけられればいいのですが、単に良い数字だけで判断すると、実はすでに環境が変わっていて、M＆A後からは収益が下がり続けるということもあり得ます。

さらにいうと、その過去の良い数字でさえ、そのまま信用できるわけではないということがあります。売り手が盛った数字を作っている可能性があることにも注意が必要なのです。

例えばEC事業などでは、プロモーション費用をある程度反映して売上が伸びます。そこで、ある時期だけ多額のプロモーション費用をかけて売上をかさ増しする売り手もいます。あるいは、ある時期だけ役員報酬など調整可能な費用を極端に減らして費用を圧縮し、利益を多く見せるというやり方もあります。

そのような意図的な操作ではなくても、注意しなければならないこともあります。

私が興味を持って交渉をしたある売却案件は、コロナ禍で大きく需要が伸びた、リモート勤務に関する業種でした。そして売り手が提示した決算資料は、まさにその業績が急伸した2020~2022年のものだったのです。私がそれ以前の決算資料を要求して見せてもらったところ、かなり少なかったことが分かりました。いわば特需に沸いているときだけのデータを見せられたのです。

コロナ禍が明けた現在では、特需も終わり、恐らく収益はかなり落ちると見込まれています。もし、コロナ特需ということに気付かずに最初に売り手が提示した資料の良い数字だけを見て買収を決めていたら、痛い目に遭っていたと思います。

⑤ 中小企業は会計処理が雑な場合が多い

売り手が中小企業でもかなり小規模な企業や個人事業主の場合は、提示される数字の信頼性が、それほど高くない傾向があります。

売上や利益の数字について意図的にごまかしているというわけではなく、単に経営者の会計や経理に対する理解不足によって、誤った数字が計上されていることも珍しくはありません。

会社が売られる真の理由は分からない

M＆Aの買い手にとって、売り手はなぜその会社や事業を売るのかという点は、非常に気になります。買い手としては、安定した収益力があり、今後もそれが続くいい会社を買いたいのですが、一方では、そんないい会社であれば、どうして売り手は売ってしまうのか、という疑問が湧くのです。

実際に、安定的に売上や利益を上げている、いい会社が売られていることもあります。それは大きく分けると以下のような理由があります。

①後継者不在の場合の事業承継。事業内容はいいけれど、現経営者が高齢や病気により経営が続けられなくなり、かつ後継経営者になれる候補人材が不在のため、譲渡を希望するケースです。

②資金を得るためのイグジット。イグジットとは「出口」という意味ですが、M＆Aの文脈

では、資金を得るために会社や事業を売却することを指します。これには、「FIRE」と呼ばれる早期リタイアの場合もあれば、次に新たな事業を起こすための資金に充てるというケースもあります。

③事業の選択と集中。広げすぎた事業領域を整理して、経営資源を集中させるために売却するということもあります。これは売り手が比較的大手の場合になります。

こういったケースでは、しっかりと利益が出ている事業でも、事業外の理由によって売られるのです。

他方、事業の将来の見通しが悪くなりそうだから売られる場合もあります。リモート勤務に関連した業種については、恐らくコロナ明け後に収益が落ちるということを見越して売りに出されたのではないかと推測しています。

これはあくまで私の推測です。なぜなら売り手は「このビジネスモデルの先行きが悲観的なので売ります」とは、絶対に言わないからです。内心ではそう思っていたとしても、後継者不在などの理由を述べるはずです。なぜなら、まさに今経営している人が先行きが悲観的だと判断している事業を買う人は少ないからです。

また、ネガティブな理由としては多額の負債から逃れたいという理由も、意外と多くあります。会社が融資を受けるとき、通常、代表者は連帯保証人になることを求められるので、自分が借金をしているのと同じです。会社の業績が悪化してくるとその返済負担が苦しくなるのです。その苦しさから逃れるために会社を売却したいと思う経営者は少なくありません。

M&Aプラットフォームの売り手情報にも、「譲渡理由」という欄があり、後継者不在による事業譲渡など、さまざまな理由が書かれています。しかし、その理由をそのままうのみにすることはできません。真の理由は売り手にしか分からないものです。

「好きだから」「夢だった」だけで会社を買うのはNG

数字だけを見て、儲かりそうだと判断して会社を買うのはリスクが大きいですが、一方、それとはまったく異なり、本当にやりたいことをやる、夢だった仕事をしたいという理由で、M&Aにチャレンジしようとする人もいます。これは、中小企業の経営者というより、脱サラの会社員や個人事業主に多いと思います。

「この事業をやりたい」という強い気持ちは、経営者として事業を運営していくための根本的な原動力となるもので、とても大切です。私自身、これまで可能な限り、自分がやりたいと感じたことをやってきました。ですから、そういう人を応援したいという気持ちを強く持っています。

しかし、さすがにその気持ちだけで、いきなりM&Aに挑戦することはかなり無謀だといわざるを得ません。

M&Aの買収対象となるビジネスでの経験があり、経験知に基づいたさまざまな判断ができるかどうかは、M&Aの成否に大いに関わるものです。まったくの未経験から挑戦することは、正直にいっておすすめできません。

脱サラした人が、会社員時代の業務でまったく経験のない仕事で起業することや、中小企業が既存事業と無関係の新領域での多角化展開をすることは、M&Aを利用しても、成功確率は低いのではないかと思います。

経験がないなら経験を積んでからM&Aをすればいい

では、どうすればいいかといえば、要は経験を積めばいいのです。

会社員なら、雇用中の副業（会社の就業規則で認められていれば）で、あるいは退職後に起業を目指す業界で実際に働くということです。そして、目標の業種にもよりますが、これは経営者でも可能です。

実は私も自分で事業を立ち上げて経営者になってから、経験を積んで勉強することを目的に、他社で働いたことが2回あります。

1回目は27～28歳のときでした。組織運営について学びたくて、大阪のUSJ（ユニバーサル・スタジオ・ジャパン）で、週末を中心に週1～2回、2年ほどアルバイトを続けました。仕事の内容はレジ打ちなどで、いわば末端の業務なのですが、それでも上司はどのようにして部下を指導するのかや、組織での役割分担はどのように行うのかなど多くの気付きが得られて、非常に勉強になりました。そのときに学ばせてもらったマネジメントの基礎は、今でも役に立っています。

もう1社が不動産業を始めるときで、ある住宅販売会社で働きました。これは、不動産業の業界の仕組みというか、実務を実地で学ぶためです。建物のことや、仕入れから売却までの流れなどを学びました。このとき、不動産業界全体のサプライチェーンの流れを学んだことが、のちに不動産投資業や地盤調査業を経営するうえでも非常に役立ちました。

2回とも、当時周りにいた社員や仲間からは、「社長のくせにアルバイトなんて」と笑われましたが、本当にやって良かったと今でも思っています。

M＆A買収を考えていて、それが未経験の業種であるなら、脱サラ会社員はもちろん、現在中小企業経営者であっても、まずは実際にその業界で働いて、経験を積むことは絶対にやったほうがいいと断言できます。

この話をすると、「でも、アルバイトの末端の仕事と、経営の仕事は違うから役に立たないのでは」と言われることもあります。しかし、一販売員、一営業員の立場であっても、組織の内部にいるのと外から見ているのでは、得られる情報量がまったく違います。常に経営的な意識や視点を持って働き、観察していれば、経営に活かせる学びはいくらでもあるものです。

経営をするなら、会計の基礎知識は絶対に必要

学びということに関連してもう1点強調しておきたいのは、M&Aに限りませんが、事業経営をするのであれば、会計の基礎知識は絶対に必要だということです。

会社員はもちろん、実は、中小企業経営者でも会計がよく分からず、どんぶり勘定で経営している人が少なからずいます。もちろん、細かい経理業務は経理担当者、試算表や決算書の作成は顧問税理士が行いますから、経営者自身が細かい会計ルールをすべて把握する必要はありません。

しかし、最低限、損益計算書での業績の見方（特に粗利率や販管費率）、貸借対照表での財務の見方（特に融資と純資産の割合、在庫評価など）などは、知っておかなければならないと思います。また、税務と会計では内容が大きく違ってきます。

会計で大切なのは、売上や利益など、会計上の数字の動きと、実際のキャッシュ（現預金）の動きの違いを理解すること、また会計と税務との差を理解することです。

経営者であれば、売掛の入金と買掛の支払いの差による運転資金の必要や、その他出費も含めた資金繰りを把握しているとは思います。経営や経理の仕事に携わったことがなくあまり理解していないという人は、学んでおく必要があります。

買収会社の決算書で絶対に見なければならない点

数字だけを見て判断してはいけないというのは、数字がどうでもいいという意味ではありません。M＆Aにあたっては、決算書で分かる業績や財務の数字が最重要事項であることは当然です。

ただ、決算書を隅々まで読んで正しく理解できる経営者は、ほとんどいません。もちろん、その知識は経営をするうえでもあったほうがいいのですが、M＆Aにおいては、そこまでは必要ありません。

なぜならスモールM&Aでは、見るべき数字はほぼ決まっているからです。また、ある程度大きな規模のM&Aなら、デューデリジェンスが行われ、そこで専門家が詳細にチェックをしますので、やはり経営者自身が自分でチェックする必要はありません。ただ、専門家がチェックした項目の意味を理解する程度の知識は必要です。

ほとんどのスモールM&Aの場合、左記の4点をチェックすればよいです。

- 業績が赤字ではないか（損益計算書の最終利益。できれば直近の過去5年間。最低でも直近3年間分をチェック）
- 代表取締役の役員報酬はいくらか（損益計算書の販管費の内訳書。できれば直近の過去5年間。最低でも直近3年間分をチェック）
- 借入金、買掛金の内容と金額（貸借対照表の負債の部）
- 繰越欠損金がないか、債務超過ではないか（貸借対照表の純資産の部）

もし、これらの数字の意味が分からなければ、会計や決算書についての基本知識が不足していますので、入門書などで勉強をする必要があります。会計の基本知識は経営者には必須のものです。

赤字の会社は買ってはいけない

最初に見るべき最重要項目であり、また判断に迷いやすい点でもあるのは、利益です（事業譲渡の場合は事業単位の利益）。判断に迷いやすいというのは、赤字の会社でもほかに良いところがあるなら買ってもいいのでは、と考えてしまいがちだからです。

しかし私は、初めてM＆Aをする場合は特に、赤字の会社の買収はやめたほうがいいと思います。また、かろうじて黒字になっているとしても、その額がゼロに近い、いわゆる損益トントン程度の会社も避けたほうが無難です。

なぜなら、M＆Aは必ず売上も利益も落ちるからです。通常2～3割は落ちます。そのため、M＆A前が損益トントンレベルだったら、間違いなく赤字に転落します。

赤字になる事業は、必ず赤字になるだけの理由があります。例えば店舗なら立地が悪いとか、提供商品の質が悪いなどです。立地が悪いという理由なら、M＆A後も当然立地は悪いままですから、相当の努力をしても、それを黒字化させることは困難です。

また、立地はいいのに、提供商品やサービスが悪いせいで赤字になったということが、はっきり分かる場合もあります。しかしまずM＆A前に、そのように赤字の理由を認識できるケースは少ないという問題があります。仮にそれができたとしても、自社の商品やサービスに抜群の優位性がない限りは、避けたほうが無難です。

M&Aのメリットは、売上が立ち、利益が出るまでの時間がかからないことです。赤字の事業を買って、それを黒字化させるまでには、相当の時間がかかります。M&Aのメリットがないのです。

つまり、わざわざ赤字の事業を買って、時間をかけて苦労して黒字化させるくらいなら、新規事業をゼロから立ち上げたほうがよいということです。

以上のような理由から、初めてのM&Aでは「赤字の案件は避ける」を原則とすべきです。

赤字で閉めた店舗の居抜き物件は、絶対に手を出さない

情報を得やすいM&Aプラットフォームには、飲食店や小売店などの「居抜き物件」(造作、設備をそのままにして権利を移譲する物件)が掲載されていますが、その多くは、そもそも場所が悪い、不適切な立地で開店してしまい、赤字になってしまった案件です。こういった居抜き物件を買って、自分が経営しても、それを黒字化させることは、非常に難しいと考えるべきです。M&Aプラットフォームには数多く登録されているために、つい気をひかれるのです

が、絶対に手を出してはいけない案件です。

私が買った赤字事業は、成功もあったが失敗もあった

実は、私自身も赤字事業を買収したことがあります。

まず、沖縄のレンタカー事業（2件）です。これらは、立地が抜群だったため、立地を買うという意味が中心でした。また、1件の所有者は沖縄で手広く事業を手掛けている、実力のある事業家でした。東京や大阪などの大都市は別ですが、地方では、外から来たよそ者が根付いてビジネスを行うことをよく思わない人もいます。そのため、私が自力で良い土地を借りてビジネスをしようと思っても、難しかったのです。しかし、レンタカー事業を買収してそのオーナーの知己を得たことにより、地元の著名人とのパイプもでき、その後はビジネスがずいぶんやりやすくなりました。つまりこの会社を買うと同時に、普段知り合うことができない人脈も買うことができました。

そして、赤字ではあったものの、その理由がビジネスモデルに起因するものではなく、別の要因であったことが明らかで、改善が可能なものであると分かっていたことも、買収を決めた

理由です。赤字を生む事情が社内にあったのです。

また、私がすでに沖縄でレンタカー事業を展開していたので、ビジネスモデルに精通しており事業成功の要点を理解していましたし、プロモーションなどにおいて、既存のレンタカー事業とのシナジーが生じるとも思っていました。

事前に考えていたとおり、このレンタカー事業2件は、M&A後すぐに黒字転換し、現在では私たちの大きな収益源となっています。

赤字事業買収の2つ目は、和歌山のフィットネスジム事業です。この事業を買収した理由は3つありました。

1つ目は和歌山県が私の故郷であったため、事業で故郷に貢献したいという気持ちがあったこと、2つ目は、雇われて店長をしていた人物が非常に優秀だと見込めたこと、3つ目は買収価格が100万円台と安価だったことです。

本原稿を書いている時点では、買収から1年弱ですが、正直にいってこのM&Aは失敗でした。いろいろと努力はしましたが、やはりそもそも立地が弱いという根本的な要因があるため、黒字化させることは困難でした。

また、私自身がフィットネスジムの経営は初めてであり、ビジネスモデルに通じていなかったことがいちばんの理由にあると思います。M&Aは投資ですから、たくさん実行するなかにはこういう失敗もあります。幸いなのは、買収金額が低いためたいした痛手にはなっていないことです。

しかし、もしこれが私の最初のM&Aだったら、やはり意気消沈してしまい、M&Aなんて二度とやるか、と思っていたかもしれません。

読者の皆さんにはそんな目に遭ってほしくないため、赤字事業に手を出すことはおすすめしません。

高すぎる役員報酬は営業利益に足し戻して正常収益力を測る

売り案件の利益の赤字・黒字とは、本来は、正常収益力を求めるために、洗い直した損益計算書の利益で判断します。正常収益力とは、金融機関対策・税務対策などの理由により数字が調整されている会計上の項目を元に戻し、また偶発的な損益なども考慮して、本来の収益力を分かるようにした数字です。

M&A仲介会社が介在している場合は、専門家が正常収益力を計算した資料を提示してくれます。

しかし、M&Aプラットフォームを利用して仲介が介在しない場合は、それが分かりません。そのため、ざっくりと自分で計算できるようになっていたほうがよいです。

大雑把に把握するだけなら、減価償却費と役員報酬だけを確認して、それを営業利益に足し戻します。

一般的にM&Aで収益力を見るためには、EBITDAという数字が用いられます。これは、営業利益に減価償却費を足し戻した数字です。なぜ足し戻すのかというと、減価償却費は会計上の操作で計上されているだけの税務上の損金（費用）であり、実際の現金支出が伴うものではないためです。いわばバーチャルな損金で、本来は益金に計上されるべき部分だからです。ただ、減価償却費を損金として計上すればその分、税務上の益金（利益）が圧縮され、法人税などが減額されます。

役員報酬も同じような考え方で、法人税などの節税のために役員報酬を高めに設定しているということはよくあります。企業の収益を、経営者個人への報酬と、会社に残す部分に分けるのですが、会社への配分を意図的に小さくしているのなら、本来あるべき配分に調整するということです。

減価償却費は少し複雑なので、もしよく分からなければ、少なくとも営業利益と併せて代表取締役の役員報酬の金額だけは確認しておくとよいです。

例えば、営業利益が５００万円という数字をそのまま受け入れれば、この会社の収益力は

500万円ということになります。しかし、もし役員報酬が5000万円だったとしたら、役員に配分する収益と、会社に残す収益のバランスが悪いということになります。

仮に自分が考える役員報酬の適正額が2000万円だとすれば、この会社の正常収益力は3500万円ということになります。

このように役員報酬をチェックして、営業利益と比較してそれが高すぎると思われる場合は、営業利益に足し戻して正常収益力を測ります。

また、役員報酬が営業利益と比べて低すぎる場合も注意が必要です。営業利益の額が低いにもかかわらず、役員報酬が低い場合、それは単にその会社が儲かっていないということを表しています。

会社自体は赤字になっていても、役員報酬を極端に低くして黒字を計上しているような場合は実質的に赤字体質だといえます。

スモールM＆Aとはいえ、営業利益と役員報酬がともに200万～300万円といったレベルでは、収益性が低すぎる事業だと判断できるので避けたほうが無難です。

売り手会社の債務（借金）は、原則的には買い手が引き継ぐ

ほとんどの会社は銀行などから融資を受けています。M&A買収に際して気になるのがこの融資がどうなるかです。

融資契約を結んでいる主体は会社なのですから、株主が代わったからといって、銀行に対する会社の返済義務が消滅することはありません。「会社が借りたといっても、実際には、融資を受ける意思決定をしてハンコを押したのは、以前の株主（オーナー経営者）なのだから、以前の株主に返済の義務があるはずだ」という主張は通りません。

中小企業が金融機関から融資を受ける際、一般的に、オーナー経営者個人の債務保証が求められます。いわゆる連帯保証人になるということです。上場企業などの大手は別として、中小企業が借金をする際には、経営者にも債務保証を求めるのは、長らく日本の金融機関の常識でした。

M&Aで会社を買収してオーナー経営者が代わった場合、金融機関は通常、新しいオーナー経営者にも、個人としての債務保証を引き受けることを求めてきます。

つまり負債がある会社を買うということは、簡単にいえば前のオーナーの借金を肩代わりするということになるのです。銀行に対してそれはいやだと言えば、では融資を引き揚げますという話になりかねません。

ちなみに、この債務保証の問題が、中小企業の後継者不足や事業承継難の一因になっているという指摘は以前からなされてきました。少額ならともかく、もし会社に1億円、2億円といった金額の借金があれば、その保証人になることはかなりの覚悟が求められるからです。親の会社であっても、借金の肩代わりが求められるなら引き継がないと考える人が増えるのは自然だと思います。

そこで、現在では「経営者保証に関するガイドライン」が策定され、事業承継の際に後継経営者から要請があれば個人保証をなるべく外すことが金融機関に求められています。子が親の会社を引き継ぐ場合は、金融機関もある程度柔軟に対応し、後継者に債務保証を求めないケースも増えているのです。

しかしM&Aによる第三者承継の場合、現時点では以前と変わらずに、新オーナー経営者に債務保証が求められるケースがほとんどです。そのため、貸借対照表の負債の金額と内容は必ず確認する必要があります。

ちなみに、事業買収の場合は、売り手の会社と金融機関との融資契約を引き継ぐといったことはありません。もし売り手がその事業のために融資を受けており、事業を譲渡するにあたってその債務を解消したいと考えるのであれば、その分を考慮に入れた譲渡価格で譲渡して受けた対価で債務を返済するという方法が採られるはずです。いずれにしても、買い手が融資の義務を承継することはありません。その点では、会社買収よりも事業買収のほうが安心です。

債務超過の会社はゼロ円で買える？

ほとんどの会社に負債はありますが、M&Aにおいてそれ自体が問題になることはありません。負債は資産から差し引かれるという形でM&Aの売買価格に含まれて調整されるだけだからです。

例えば、貸借対照表の総資産の価値が2000万円で負債が1000万円なら、残りの1000万円が純資産となります。この純資産額に、無形資産である営業権（のれん）の価値を乗せて、売買価格を算出するというのが、一般的によくあるM&Aの価格算定の考え方です。簡単にいえば、買い手は資産（無形資産も含めて）と負債の差額分を売り手に支払うということです。

ところが、会社によっては、貸借対照表の総資産額よりも負債額が大きく、純資産がマイナ

債務超過

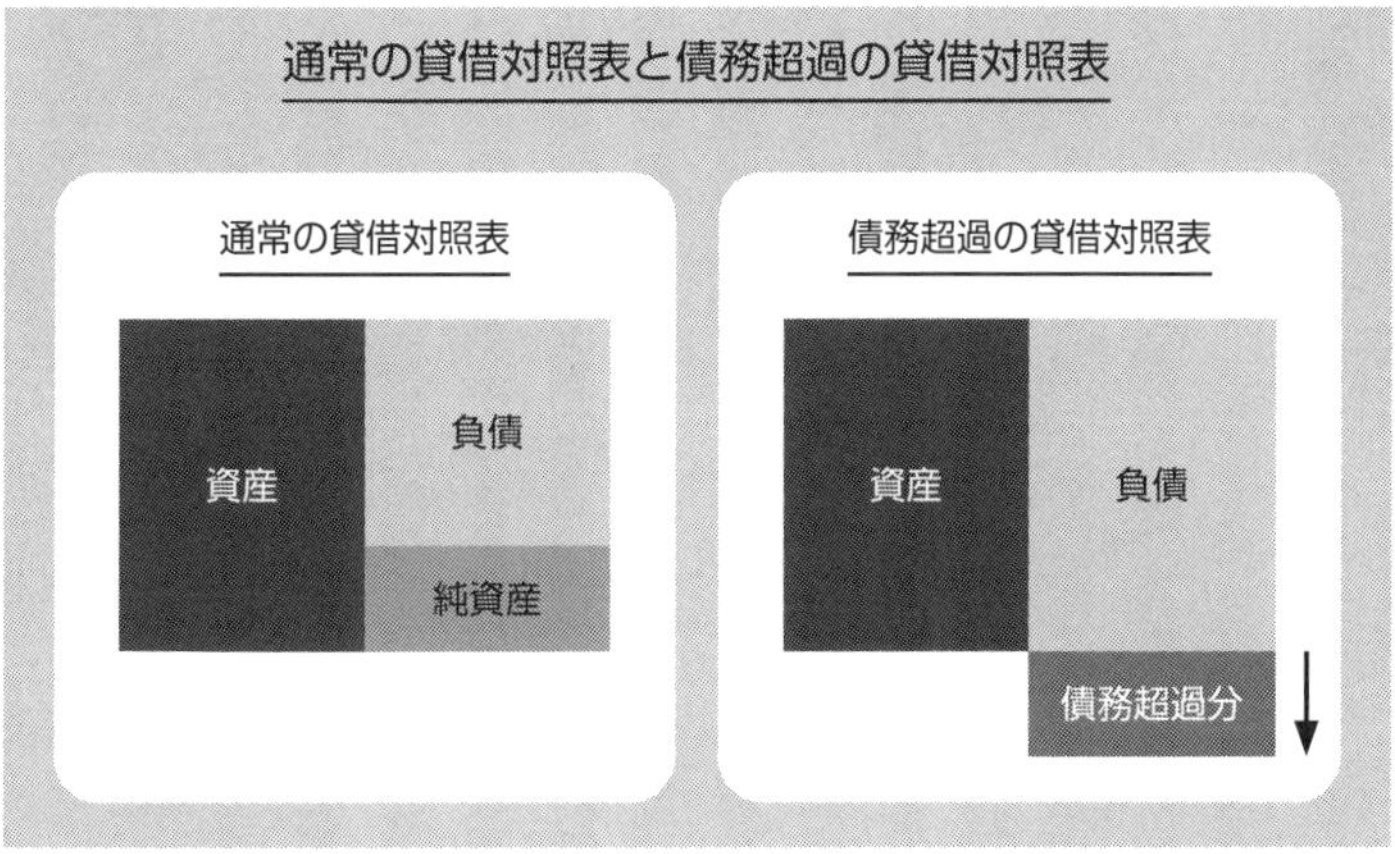

出典：資金調達ナビ by 弥生

スになっている場合があります。このような状態を「債務超過」といいます。

現在の損益計算書上は黒字を出している会社でも、過去に累積赤字があったり、大きな投資の失敗があったりして、融資の残高が多く、債務超過になっている場合がまれにあります。

このような会社を買収する場合、その会社の価値（株式の価値）はゼロだと判断されます。つまり譲渡対価はゼロ円です。

その代わり、買い手は包括承継により債務保証を求められ、債務を肩代わりすることになります。

例えば総資産が2000万円、負債残高が2500万円なら500万円の債務超過です。この会社を売買する場合は、通常は会社

（株式）の価値はゼロ円と評価され、タダでその会社をM&A買収できます。その代わりに買い手は、2500万円の負債の保証人になることが求められ、2500万円のマイナスを背負います。一方では資産額が2000万円あり、これはプラスです。プラスマイナスをトータルすると、500万円のマイナス分が買い手の負担になります。つまり売り手と買い手との間で受け渡しされる売買価格はゼロ円であっても、実質的に買い手は500万円でその会社を買ったことになるのです。

その場合でも事業自体が黒字であって、その利益から負債を返済していけるめどが立つのであれば、問題ないとも考えられます。中小企業では無借金で経営している会社のほうが珍しく、多くの会社は利益の中から融資の返済をしているのですから、債務超過であっても現時点で返済ができているのであれば、それと同様だと考えることもできます。

しかし債務超過会社の場合、金融機関からの見え方が悪いという、別の問題が生じます。

債務超過の会社に対して買い手が一定の資金を出すとともに、金融機関が債権カットや返済条件変更などにより、企業再生を図るというM&Aスキームが用いられる場合もあります。このような再生案件と呼ばれるM&A案件は、法律や金融も含めて高度な専門知識が必要であり、初めてM&Aに取り組む人が手を出せるようなものではありません。

債務超過の案件は避けたほうが無難です。

一般的なM&Aの売買価格設定

売り案件を買うか、買わないかを決める最終的な要素は、価格です。

M＆Aプラットフォームであれば、売り手が希望売却価格を提示しています。また、M＆A仲介会社が介在する場合は、アドバイザーが売り手の希望価格を教えてくれます。

ある程度大きなM＆A案件で、買い手候補が複数いる場合は、オークション形式（買い手がそれぞれの希望買収価格を提示して、売り手が買い手を選ぶ）となることもありますが、通常は、売り手が提示する価格が基準となります。スモールM＆Aではほぼ100％です。

買い手は、売り手が提示する価格を適正だと思えば買いますが、高すぎる場合は見送ります。高すぎると感じる場合に、価格の引き下げ交渉をする場合もありますが、それは例外です。

では、売り手が提示する希望売却価格が高いか、安いかは、どんな基準で判断すればよいのか、言い換えると、会社（株式）の価値をどのように評価すればよいのか。M＆Aの解説書やM＆A仲介会社のウェブサイトでは、会社の評価には「コストアプローチ」、「マーケットアプローチ」、「インカムアプローチ」の3つの方法があると説明されています。私自身がM＆Aの買収価格を見積もる際には、これらのアプローチを直接的に使用することはありませんが、その理解は重要です。特に、コストアプローチにおける時価純資産や営業権の考え方は、M＆A

が税務上どう影響するかを理解するためにも重要ですので、しっかりと理解しておく必要があります。

▼コストアプローチ（年倍法）

コストアプローチは、会社の資産の価値に着目する方法で、スモールM&Aでよく使われます。会社の資産の価値は、貸借対照表の総資産（預貯金、現金、不動産、機械設備など）から、負債（銀行からの借金など）を差し引いた残りの額＝純資産です。

ただし、貸借対照表は簿価で計上するのが基本です。簿価とは、例えば土地なら、購入時の価格です。そのため、現時点での実態価格とかけ離れていることがありますので、資産を時価にして計算し直します。さらに、売掛金の回収可能性、簿外債務の有無、棚卸資産の正確な評価など、実際の資産の状態を明らかにするための確認や操作も行います。

こうして時価純資産を算定して時価貸借対照表を作成します。この時価貸借対照表における時価純資産が、会社が今持っている資産の価値です。

しかし、M&A買収は、単に会社が持つ「モノ」を買うことではないことは明らかです。ビジネスモデルや取引関係、ブランド力など、貸借対照表には計上されていない要素などの、事業として今後収益を生む力＝収益力を総合的に買うわけです。貸借対照表には、ビジネスモデルや取引関係、ブランド力などの価値は計上されていません。

貸借対照表には計上されてはいないけれど、収益を生む力だと考えられているものを「無形資産」と呼びます。M＆Aでは、その無形資産の価値を「営業権」または「のれん」という言葉で表現します。営業権とのれんは呼び方が違うだけで同じものを指しています。営業権は、営業利益額の数年分（1年分、2年分、3年分など）とされます。

そして、先に算定した時価純資産額に、この営業権の分をプラスした金額を、その会社（株式）の価値として評価します。この評価方法は、「時価純資産額＋営業権法」または「年倍法」「年買法」などと呼ばれており、小規模なM＆Aでは、最もよく用いられています。

なお、以上は会社売買が前提の説明です。事業売買の場合でこの方法を使う場合は、その事業に関する資産と負債を時価算定して、事業の時価純資産を求め、さらに事業単独の営業利益から、事業の営業権を求めることになります。

この方法は、有形資産の評価額である時価純資産と、無形資産の評価額である営業権を合計するだけなので、計算もシンプルで分かりやすいことがメリットです。

しかし問題は、営業権の評価方法に計算根拠がないことです。営業利益の1年分と3年分とでは、大きく金額が異なりますが、売り手もM&A仲介会社のアドバイザーも、「なぜ1年分なのか」「なぜ3年分なのか」などを合理的に説明することはできません。強いていえば、「みんなそれくらいにしていますす」といった曖昧な理由しかないのです。

その意味で、分かりやすいけれど曖昧な部分が多く残るのがこの方法です。

しかし、そもそも中小企業の業績は年次によるぶれ幅が非常に大きなものです。また、会計の数字自体曖昧な部分が残ることもあります。そのため、手間をかけて厳密に計算することにあまり意味がありません。

そこで、大雑把な価格のめどを、簡単に計算できるこの方式がよく用いられているのです。

▼マーケットアプローチとインカムアプローチ

マーケットアプローチとは、マーケット（市場）に存在する他社との比較で、会社の価値を算定する方法です。

例えば、売却対象となる会社の営業利益やＥＢＩＴＤＡなどの数字を上場している類似会社のそれらと比準させて、上場企業の企業価値から売却対象となる会社の価値を算定するという方法があります。

「類似の上場企業の企業価値は、ＥＢＩＴＤＡの5倍になっているから、この売却会社の評価額も、ＥＢＩＴＤＡの5倍にしよう」という具合です。

また、上場会社ではなく、過去にＭ＆Ａされた非上場の同業他社のＭ＆Ａ価格を参考にする場合もあります。

一方インカムアプローチとは、会社が将来得られるであろうインカム（キャッシュフローでの収益）を求め、それを現在価値に割り引いた金額を基準にして、企業価値を算定する方法です。ディスカウント・キャッシュフロー（ＤＣＦ）方式などが、その代表的な方法です。

これらの方法は、時価純資産額＋営業権法よりは、理論的な根拠がしっかりしていますが、正確に求めようとすると、調査や算定が複雑で手間がかかります。そのため、小規模のＭ＆Ａではあまり用いられていません。

スモールＭ＆Ａに向くのは、投資回収期間で考える方法

以上の会社の価値評価方法は、理論的にはこう考えるのが妥当だろうという考え方を示したものだといえます。それらの考え方は、Ｍ＆Ａをするうえでのいわば共通言語として、知っておいたほうがよいことは間違いありません。

しかし、私たちは学者ではありませんから、それらの理論によって示される評価額が正しいかどうかは、ある意味で、どうでもいいことです。

私たちは将来の収益を得るため、ビジネスの一環としてＭ＆Ａ買収をします。言い換えるとＭ＆Ａの本質は投資なのです。したがって、買い手が気にしなければならないのは、その価格

で買って投資として見合うのかという点だけです。

そこで、買い手がM&A案件の価格を見るときに基準としなければならないのは「投資利回り」であり、それを時間で逆算した「投資回収期間」です。

投資利回りも、厳密に考えだすと、将来のキャッシュフローを現在価値に割り引いて考えるなど、DCF法の考え方に近くなっていきますが、スモールM&Aでそこまで厳密に考える必要はまったくありません。中小企業の事業は不確定要素や波が大きいので、厳密に考えても意味がありません。

私の場合、ごく単純にキャッシュの投資回収期間で考えます。スモールM&Aに限っていえることですが、その目安はできれば1年から2・5年程度です。

投資回収期間の計算例

例えばある店舗の月商（月の売上）が200万円で、原価、費用、税金などが150万円かかり、手残り（経費などがすべて差し引かれた最終的な儲けのこと）のキャッシュが50万円だとします。この店舗を1000万円で購入すると、1000÷50＝20ですから、1年8カ月で1000万円の投資回収ができるということになります。

それなら投資を検討してもいいということです。これが投資回収期間の考え方です。また、月50万円なら年間600万円のキャッシュが残るので、投資額の1000万円に対する年利回りでいうと60%ということになります。

ただし実際にはM&A後に売上が減ることが普通なので、2割減って160万円になる場合もあります。

費用には、売上に連動して増減する変動費（原価）と、売上が変わっても変わらない固定費（家賃など）があります。

費用のうち変動費率が60%だとします。売上が20%（40万円）減ると変動費はそれに対する60%で24万円減るので、126万円になります。すると月の手残りは160－126＝34万円になります。1000万円を回収するには、1000÷34≒29.4で、約2年5カ月かかることになります。

もっとも、M&A後に一時的には売上が落ちても当然経営改善をしますから、そのまま落ちっぱなしということはなく、いずれは回復し、M&A前の売上よりも増えるかもしれません。そうなれば、投資回収期間も短縮されます。

では、もしこの案件が1500万円で売りに出されていたらどうなるかというと、元の売上・キャッシュをベースとしても1500÷50＝30で、回収には2年6カ月かかることになります。これは私の感覚では、やや長すぎると感じます。ほかに獲得したい要素があるなど、特別な事情がなければ見送るべきです。

逆にこの案件が800万円で売られていたら、800÷50＝16で、1年4カ月で投資が回収できますから、ほかの要素を考慮しなければ優良案件だと判断できます。

このように投資回収期間を基準にして売却案件の価格を評価するのが、私の基本的な考え方です。

投資回収期間を考える際の論点

投資回収期間を考える際に考慮しなければならない重要な論点は、ほかにもいくつかあります。

▼自分が現場で働くか否か

まずM&Aで買い手となった当人が、現場で働くか否かという論点があります。店舗でいうなら、自分が店長になって店に立つのか、それとも店長を雇うのかという点です。店長を雇うのならその給料はもちろん費用です。

しかし、自分が店に立つなら、自分の人件費も収益に含めて計算することができます。個人事業主であれば会計や税務上は給料という概念自体がなく、残った儲けのすべてが自分の所得になりますが、それに近い感覚です。

月商200万円の店舗だとして、人件費以外の費用が120万円だとします。店長を月30万円で雇って働いてもらうなら、それも含めて費用は150万円になります。

一方、自分が店長として現場に立つ場合は、200－120＝80万円を手残りのキャッシュとして計算します。

すると投資回収期間は、1000÷80で12・5カ月に短縮されます。投資回収期間は、短ければ短いほど安全です。

▼脱サラしてM＆Aで起業を目指すなら、自分が現場に立つことを前提にする

すでに会社を営んでいる中小企業経営者の場合は、自分で現場に立てることのほうが少ないと思います。その場合は、当然社員に任せるしかありません。

一方、脱サラをしてM＆Aによって起業にチャレンジしようと思っている場合は、人を雇わなくても自分が現場で働いて運営できる事業を買収することを強くおすすめします。自分が現場に立って働くことを前提にすべきです。

そしてM＆A後は必死に現場で働くべきです。自分が働けば人件費が浮くという意味もあります。また、そうやって現場で働くからこそ、経営者として事業を改善させ、収益を向上させ

る施策が見えてくるということもあります。

これが、「ランチェスター　時間の法則」で長時間働けば働くほど、成功に近づけるということの意味なのです。週休2日欲しい、1日に8時間以上は働きたくないといった人は、起業をせず、雇われた会社員でいるほうが幸せになれます。会社員では禁止されている長時間労働が許されていることが経営者のメリットだ、と感じないような人は、成功する可能性は低いためM&Aでの起業はしないほうがいいと思います。

たまに、人に働いてもらうために会社のM&Aをすると考える人がいますが、それは勘違いであることを肝に銘じるべきです。

▼BtoBはBtoCより投資回収期間を長めに見積もれる

できれば1・5年、長くても2・5年というのは、一般消費者を顧客とする店舗などのBtoCビジネスの場合です。BtoC市場、特に飲食店事業などは、消費者の嗜好《しこう》や流行の変化が速いので、今は好調なビジネスモデルでも、3年後にはどうなっているか分かりません。5年も先になってしまえば、まったく予測がつきません。そのため、投資回収期間もできれば1・5年以内くらいをめどにしなければならないのです。

一方、BtoBビジネスについては、これも分野によりますが、ビジネスモデルの寿命が比較的長いことが一般的です。地盤調査事業などは、やり方は変化するかもしれませんが、その需要自体がなくなることは考えられません。そのためＢtoＣビジネスと比べれば長期目線で投資回収を考えることができます。

とはいえ、もともと経営資源が乏しい中小企業や個人が買い手になるのですから、短期で資金回収ができるに越したことはありません。ＢtoＢであっても、３年程度の投資回収期間をめどとするのが安全だと思います。

M＆Aでの価格交渉が基本的にNGである理由

売却案件の事業内容は良いけれど、売り手が提示している価格が高すぎると思ったとき、値下げを求めて価格交渉をすることも可能です。

しかし、私は価格交渉をしたことはほとんどありません。ほぼすべての案件で、売り手の言い値でそのまま買いました。買い手になる場合、基本的に価格交渉はＮＧだと思っておいたほうがよいです。

①いい案件を買うためには、スピードが重要

これも私が不動産投資事業から学んだ経験に基づいています。不動産投資事業でも、私は自分が買い主になるときには、一切値引き交渉や「指し値」をせずに、売り手の言い値で購入しました。不動産の世界で優良物件は少なく、それを求める需要のほうが多いので、交渉などしていたらあっという間にほかの人に買われてしまいます。

逆にいうと、価格交渉をできる余地があるのは、どこかに問題があって、即決で買うことをちょっと躊躇するような物件なのです。

これは、現在のM&A市場でも、まったく同じことが当てはまります。M&A市場も、優良案件の数よりも買収を希望する人の数のほうがずっと多い、売り手市場です。優良案件は即決しなければ、すぐにほかの人に買われてしまいます。

そして価格交渉に応じてくれる余地があるような事業は、どこかに問題があるものです。

②いい買い手にはいい案件情報が集まる

もう1点の理由は、いい買い手にはいい案件情報が集まる、という事実があるためです。M&A仲介会社のアドバイザーが、面倒な条件交渉をせずにすぐに買ってくれたと感じれば、次にも、まずはすぐに買ってくれそうな方に話をしてみようかと考えるはずです。

また、複数の事業や会社を営む売り手も少なくありません。売り手が、前に買ってくれた人

とは気持ちよく取引ができたと感じれば、次もあの人に買ってもらおうと思うはずです。

M＆Aに限ったことではありませんが、投資は情報が命です。有利な情報をいかに人より早く知ることができるかが重要です。その意味で、買収価格交渉をしてわずかな金額の値下げを引き出して一時的に得するよりも、長い目で見れば交渉をせずに買っていい買い手になるほうが、ずっとメリットが大きいのです。

③ 売り手との関係は、買ったあとも続く

さらに、M＆Aは売買が終了したらそれで売り手とは関係なくなるというものでもありません。なぜなら、同じ会社、同じ事業をM＆A後も継続させているなかでは、取引上や税務上などで、どうしても過去のことを調べなければ分からないことが出てくることもあります。そんなときには、売り手に「これはどうしていましたか」と尋ねることもあると思いますし、また、M＆A前のトラブルを蒸し返すような人が現れたときには、売り手にも協力してもらわなければならないことがあるかもしれません。

そのような事態を想定するなら、売り手と良好な関係を保っておいたほうがよく、その意味でも売り手の言い値で買っておくことは安心材料となります。

④ 上限を定めて、超えているならあきらめる

自分の想定する投資回収期間から見て、売り手の提示価格があまりにも高すぎる場合は、あきらめやすいものですが、少しだけ無理すれば買えそうだという場合は、悩みます。

しかし、私は無理して買うよりも見送ったほうがいいと思います。

M&A後に、思っていたよりもずっと収益が少ないということは、よくあります。そのリスクを考えると、無理をした購入は、あとで傷口を広げることになりかねません。

投資回収期間の上限は2年など、自分の中で上限を定めて、それを超えた価格では絶対に買わないと決めておくべきです。

価格交渉をしてもいいケース

ただし、絶対に価格交渉をしてはいけないというわけではありません。

まず、どう考えても価格が高すぎる場合です。例えば、年倍法で計算したら営業権が10年分になっていたといった場合です。こういう場合、単に売り手に知識がなくて、なにも考えずに適当に値段をつけているということがほとんどです。また、なかには相場価格を知っているのに、万一この価格で売れたらラッキーといった感覚で非常識に高い価格をつけていることがあります。

こういう場合は年倍法などの計算根拠を示しつつ、「営業権が2年分だとこれくらいの金額になるので、どうですか」と交渉するという方法はあります。

ただ、特に後者のタイプの売り手は、売れなければ売れなくてもいいと考えているケースが多いので、そういう交渉は無駄に終わることのほうが多いと思います。

価格交渉をしていい場合のもう一つは、M＆A後に売り手と関わらない場合です。

多くの売り手と接してきましたが、なかには、正直にいってかなり変わったタイプの人もいます。M＆A後は関わりたくないタイプの売り手であれば、その場限りの関係ですから、価格交渉をしてもいいと思います。

スモールM＆Aにデューデリジェンスは必ずしも必要ではない

M＆Aの定型的なプロセスでは、基本合意のあと、買い手が売り手に対してデューデリジェンスを行い、そこで発見されたさまざまな問題や懸念点を勘案して、最終契約書を作成し、クロージングに至ります。

デューデリジェンスで発見された問題や懸念は、売買価格を下げることで調整されることもあれば、最終契約書の、表明および保証や補償項目の条項に盛り込むことで、将来のリスクを抑えるように図ることもあります。

ただ、スモールM&Aでは、このプロセスは当てはまらないことのほうが多いです。デューデリジェンスは、普通に行うと最低でも100万円程度の費用はかかります。売買価格が数百万円程度のスモールM&Aでは、その費用をかけることが割に合わない場合が多いです。

会社（株式）売買と事業売買の別に考えます。

▼会社（株式）売買の場合

会社（株式）売買は包括承継になるため、M&A前の出来事（違法行為など）を理由として、M&A後にトラブルが発生する、潜在的なリスクがあります。そのため、原則的にはデューデリジェンスを行ったほうがよいです。

ただし、これを実施してもすべての潜在リスクを検出できるわけではありません。

私が最初に建設会社をM&A買収したときは、300万円ほどの費用をかけて、デューデリジェンスを実施しました。しかし、M&A後に、以前の労務関係のトラブルが発覚し、解決にいくらかの費用がかかりました。このトラブルは、売り手だった前経営者自身が知らないところで発生していたものでした。売り手がウソをついて不都合な情報を隠す場合もあれば、本当に知らなかったということもあるのです。

そのようなことがあるため、費用をかけてデューデリジェンスを行っても、それでM＆A後のトラブルが100％防げるわけではありません。300万円をかけてデューデリジェンスを行ってもこのような結果でしたから、40万～50万円程度の安価なデューデリジェンスでは、完璧を求めることは難しいと思われます。

一種の安心料だと思って、なるべく低い金額で抑えるようにしたほうがいいかもしれません。

▼事業売買の場合

事業売買では、購入する対象を限定します。基本的にそれ以外の資産や負債を引き継ぐことはありません。株式売買による包括承継と比べて潜在リスクはかなり低いといえます。また、事業売買は会社売買と違って、引き継ぐ資産が限定されることから、売買価格もより低くなります。そのため、デューデリジェンスをしないことによって、資産の価値を見誤ったとしても、大きな損失が出る恐れも低いです。

もしデューデリジェンスをしないことによって、M＆A後にトラブルが発生して、その解決のために、数十万円の費用がかかったとします。デューデリジェンスをしていればそのトラブルが防げたとしても100万円からの費用がかかります。

となれば、デューデリジェンスをしないでトラブル対策にお金を使ったほうが、結果的にかかる費用が低くなるという考え方もできます。

事業売買の場合は、売買価格が1000万円以下程度のスモールM&Aであれば、デューデリジェンスは必要ないというのが、私の考えです。

リスクを受け入れないと、M&A買収はできない

デューデリジェンスを行っても、M&A後のトラブルリスクを100%避けることはできません。また、事業の収益も、想定より低いまま推移するリスクもあります。M&Aは、事業という不定型なものの将来に懸ける行為なので、リスクはどうしてもつきまといます。

M&Aで成功するコツはいろいろありますが、その一つには、このリスクを受け入れて投資をするということがあります。

M&A買収に興味を持ちながらも、なかなか買えないという人がいます。

典型的なのは、投資をした自分のお金が減るか、増えるかを考えすぎてしまう人です。もちろん数百万円、数千万円というお金を投資するのがM&Aですから、慎重になっていろいろなことが心配になるのは当然です。しかしすべての面で不安がなくて、100%確実な状態の案

件というのは、まず存在しません。どこかでリスクの要素はあるのです。

逆にあまり深く考えず、簡単に儲かると思ってM＆A買収をして失敗してしまうタイプの人もいます。なんでもかんでも無謀に買えばいいというわけではないことも当然です。

リスクを完全になくそうとすることも、リスクを無視することも、どちらもM＆Aでの成功から遠ざかります。

Chapter

4

金融機関を味方につける！

「スモールＭ＆Ａ」における資金調達方法

会社のM&A資金は、どうやって用意するか

中~大規模のM&A買収では、一般的にLBOファイナンスと呼ばれる手法で、M&A資金を確保します。LBOとは「Leveraged Buyout」の略で、被買収会社の事業が将来に生み出すキャッシュフローを根拠にして資金調達を行う手法です。

簡単に言うと、「今、この会社・事業を買えば、将来キャッシュが増えますから、買うためのお金を貸してください」ということです。

しかし、LBOは、投資ファンドなどがファイナンスをアレンジして、SPC(特別目的会社)を設立するなど手間とコストがかかるため、中小企業が小規模なM&A買収をする場合での利用は非現実的です。

では、付き合いのある金融機関に事業投資資金としてM&A資金の融資を申し込めば貸してくれるかというと、これは自社の業績・財務の状況や金額にもよるので、一概にはいえません。ただ、一般的には、LBOファイナンス的な意味での事業の価値を根拠にした融資は、銀行の審査はなかなか通りません。よく知られているように、銀行の融資は担保主義が原則だからです。

そのため、買収先の会社が金融機関の担保となり得る資産(不動産など)を保有しており、

かつ融資割合が低ければ、その担保価値によって金融機関からM&A資金の融資を受けられる可能性はあります。

いずれにしても、金融機関から運転資金や設備資金の借入を受けている会社が主体となってM&A買収をする場合は、事前に金融機関に相談しておくことが望ましいです。特に、会社買収の場合は、次回の決算から貸借対照表に子会社株式が計上され、貸借対照表の内容に変化が生じます。金融機関として、これは非常に気になる点で、報告していなければ決算書の提出後に、これはなんですかと必ず尋ねられます。

日本政策金融公庫の「事業承継・集約・活性化支援資金」

民間金融機関と異なり、政府系金融機関である日本政策金融公庫（日本公庫）には「事業承継・集約・活性化支援資金」という融資枠組みが設けられています。

これは名前のとおり、事業承継に特化した融資枠です。主には親族内承継を対象としており、条件は厳しいのですが、M&Aによる第三者承継でも利用できる場合もあります。

実は、私が建設会社をM&Aした際には、1億円ほどの買収資金の一部にこの制度を利用した融資を受けています。

付き合いのあった信用金庫の担当者が、「うちのモデルケースとしてやらせてください」といって積極的に動いてくれて、信用金庫と日本公庫が協力して融資をする協調融資のスキームを設計して実行してくれたのです。当時は、日本公庫の制度ができたばかりだったため、信用金庫としても実績作りがしたかったのだと感じました。

制度の利用要件がいろいろと定められており、手間はかかりましたが、それでも低金利で有利な融資を受けることができました。融資を受けられたのは、信用金庫の若い担当者がかなり優秀で、熱意を持って動いてくれたことが要因だと感じています。

日本公庫のほかの融資と同様、事業承継・集約・活性化支援資金には、「国民生活事業」と「中小企業事業」の2つの枠組みがあります。

簡単にいうと、国民生活事業は比較的小規模な事業者のための枠で、融資上限は7200万円です。中小企業事業は中堅企業向けの枠組みで、融資上限は14億4000万円です。それぞれ利用要件は異なりますが、スモールM&A向けの国民生活事業の概要は次ページの図のようになっています。

事業承継・集約・活性化支援資金（国民生活事業）の利用要件

利用要件	①中期的な事業承継を計画し、現経営者が後継者（候補者を含みます。）とともに事業承継計画を策定している方（注） （注）ご融資後おおむね10年以内に事業承継を実施することが見込まれる方 ②安定的な経営権の確保等により、事業の承継・集約を行う方および当該事業者から事業を承継・集約される方 ③中小企業における経営の承継の円滑化に関する法律（経営承継円滑化法）第12条第1項第1号の規定に基づき認定を受けた中小企業者（同項第1号イに該当する方に限ります。）の代表者、同法第12条第1項第2号の規定に基づき認定を受けた個人である中小企業者または同法第12条第1項第3号の規定に基づき認定を受けた事業を営んでいない個人の方 ④事業承継に際して経営者個人保証の免除等を取引金融機関に申し入れたことを契機に取引金融機関からの資金調達が困難になっている方であって、公庫が融資に際して経営者個人保証を免除する方 ⑤事業の承継・集約を契機に、新たに第二創業（経営多角化・事業転換）または新たな取組みを図る方（第二創業後または新たな取組み後、おおむね5年以内の方を含みます。）
融資限度額	別枠7200万円（うち運転資金4800万円）
返済期間	設備資金　20年以内〈うち据置期間5年以内〉 運転資金　10年以内〈うち据置期間5年以内〉
基準利率	2.15～3.25%（条件によりそれ以外の場合もあり）

出典：日本政策金融公庫

一定の書式に基づいた事業承継計画の策定などが求められますが、これは経営者が自力で作成することは困難であるため、金融機関の担当者とよく相談しながら進める必要があります。

条件によっては、経営者の連帯保証が不要になったり、通常の金利よりも低金利で融資を受けられたりする場合もあります。利用できればかなり有利です。

個人がM＆Aで起業するなら、自己資金が原則

会社員が脱サラをして、個人でM＆A買収をして起業をする場合は、100％自己資金で行うことが原則です。

起業の場合、日本公庫の創業系の融資枠組みや自治体などが金融機関と協調して創業資金を融資する、いわゆる制度融資の利用ができる場合もあるとは思いますが、M＆Aの資金に利用するとなると、かなりハードルは高くなります。

また、M＆A買収をして事業を開始しても、失敗のリスクは必ずあります。失敗したときに自己資金であれば、最悪ゼロになるだけです。しかし、融資を受けて起業していれば借金だけが残るということになってしまいます。その後の生活に大きな悪影響が及んでしまいかねませ

ん。

これは逆にいえば、数百万円程度の自己資金を貯《た》めて用意することができない人は、M＆A買収はやめたほうがいいということです。

銀行融資は会社を守り、成長させる最重要ポイント

私が最初に会社を設立してから20年近く経ちますが、設立当初から最近に至るまで、長い間勘違いをしていたことがありました。それは次の2つのことが正しいと信じていたことです。

①　借金はなるべくしないほうがいい
②　税金はなるべく払わないほうがいい（節税したほうがいい）

中小企業経営者の多くがこの2つを正しいと信じていると思います。しかし、現在の私は、これらは間違っていると考えています。

まず、会社を成長させるためには事業や設備に対する投資が必要であり、投資には資金が必

要です。融資によってその資金を調達できれば、短期間での成長が可能になります。

例えばある新規事業に必要な資金が利益の5年分だとします。この金額を会社が自己資金で用意しようと思えば5年かかります。しかし、融資を受ければすぐに投資が可能になるのです。事業で成長していくためには、タイミングが非常に重要です。大きく成長した企業は、タイミングを逃さなかったから成長できたのです。例えば、楽天が日本を代表する企業にまで成長したのは、ITバブルの前に起業をしたからです。今、当時の楽天と同じビジネスを始めても、楽天と同じように成長できるはずがありません。

融資を受けることはタイミングを逃さないために、時間を買うという意味が大きいのです。

そしてもう1点、これはよくいわれることなので、知っている人も多いと思いますが、融資を受けて返済した実績があれば、その分銀行に対しての信用が築けます。

信用ができれば、その次にはより大きな融資を受けることができます。つまり、より大きな投資ができ、より大きな成長が望めます。

こうして融資、信用、投資をスパイラル的に拡大させていきながら持続的な成長を達成していくことが、会社としての理想的な姿です。

タイミングに関しては、私自身の経験でも重要でした。

沖縄でのバーなど、飲食店事業にM&A投資をしたのは、ちょうどコロナ禍の収束が語られ始めたタイミングだったという理由もありました。コロナ禍の最中、大きな打撃を受けていた飲食店事業は、コロナ以前よりかなり安い価格で買うことができました。そして完全にコロナ前に戻れば、業況もM&Aの価格目線も以前のような水準まで戻ると予測できました。もちろん、コロナ明け宣言がいつ出されるのかは、当時は分からなかったので、そこはリスクがありましたが、徐々に戻ることが予想できたので買収に踏み切りました。

会社を守るのも信用と融資

金融機関に対する信用は、持続的な成長を目指すためだけではなく会社を守るという保守的な観点からも大切です。

会社が倒産するのは、赤字になるからではありません。業績が赤字であっても、キャッシュ（現預金）があって、従業員の給与をはじめとした費用や取引先への支払いができていれば会社は存続していけます。会社が倒産するのは、キャッシュが尽きたときなのです。

もちろん赤字が長年続けば、いずれはキャッシュが尽きます。それが回復する見込みがないなら、その事業自体の寿命が終わっているのですから、会社を畳んだほうがよいといえます。

しかし、本来は稼ぐ力がある企業が一時的な理由で赤字になり、キャッシュが不足することがあります。例えば、コロナ禍のときの飲食店などはその典型です。

そういう場合に、会社を存続させるため、一時的にキャッシュを補填する必要があります。それには借金が必要です。会社経営ではいつ外部環境が急変して、業績が悪化するか分かりませんから、いつでも借金ができるように準備をしておくことは、会社を守るために絶対に必要です。

過度な節税は財務を悪化させる

②税金はなるべく払わないほうがいい（節税したほうがいい）が勘違いである理由は、世にいわれる節税策の多くが、基本的にキャッシュを減らし、財務内容を悪化させるものだからです。

ほとんどの経営者は税金が大嫌いで、節税という言葉が大好きです。それは私自身もそうだったので、よく分かります。

そして端的には、無駄なものを買ったり不要な交際費を支出したりして利益を減らそうという考え方をします。その費用が本当に事業に必要で、利益を生み出すために役立つ内容であるなら、もちろんどんどん支出すればいいのですが、実際には多くの経営者が、どうせ税金で持っていかれるならと、無駄なものや無駄な遊びに会社のお金を使っています。

私自身も、会社でクルーザーを買うなど無駄な支出をしたこともありますので、そういう経営者を笑うことはできません。

もう少しマシな内容としては、不動産や保険などさまざまな節税商品として売られている商品などに投資をするという場合があります。しかしそういったものを購入すれば、必ずキャッシュは減少します。その分財務内容は悪化し、その分銀行の評価は必ずマイナスになります。

そもそも利益に対して支払う法人税などは3割程度ですから、節税策などせずに税金をしっかり払っても7割は残るのです。払うべき税金は払い、利益とキャッシュを残したほうが、将来の会社の成長に役立ちます。

目先の税金が多少減る効果よりも、キャッシュが減り銀行の評価が下がることによるマイナス面のほうがずっと大きいことに気付くべきです。

銀行から融資を受けられる信用こそが会社の成長の礎であり、また会社を守る城壁なのです。

とはいえ、もちろん必要以上に多くの税金を支払う必要もありません。業績や財務に影響を与えない範囲であれば、課税が大きい方法よりも小さい方法を選ぶほうがよいことは当然です。

M&A買収も、一部は結果として節税になる場合があります。しかしそれはもちろん、節税のためにM&Aをするわけではなく、成長投資をした結果として、節税的な効果が得られるにすぎません。本末転倒しないように注意が必要です。

銀行が貸したくなる会社になる

銀行は担保主義が原則であるため、M&Aで買収先の企業に不動産などの担保価値がある資産がない場合、その投資資金の融資はかなりハードルが高くなります。日本公庫の事業承継・集約・活性化支援資金の枠組みを利用した協調融資であれば可能性はありますが、要件は厳しくなります。

しかし、民間銀行が事業投資に絶対に融資しないかといえば、そんなことはありません。業績、財務の内容に加えて、普段からの付き合いと実績によっては、M&Aのための融資を引き出せる場合もあります。

よく「銀行は晴れの日に傘を貸して、雨の日に傘を奪う」といわれます。これは、本当にそのとおりです。銀行に公共性があるとはいえ、ビジネスとして融資をしているのですから、ビジネス上のリスクが高い状況の相手に融資できないことは仕方ありません。

それならば、銀行がこの会社なら融資したいと思えるような、貸したくなる会社になればいいのです。

▼過去の業績・財務の内容が良い

融資を受けるためには、まず過去の実績が大切です。これまでずっと赤字だった会社が、来期からは黒字にするので融資をしてくださいといっても説得力はなく、話を聞いてもらえません。話を聞いてもらうためには、まず黒字にすることが先なのです。

銀行が見るのは過去の実績です。会社の過去の実績は決算書の数字に表れます。しっかりと黒字を出し利益を稼いでいること、そしてその利益を無駄遣いせずに蓄積していること、これが最も大切です。

また、利益の蓄積は貸借対照表を見れば分かります。純資産が厚い（自己資本比率が高い）こと、預金が多いことが重要です。

お金がないから借りたいのではないかと思う人もいるかもしれませんが現実は逆で、お金を持っている会社がよりたくさんのお金を借りられるのです。その状態になるために、とにかく無駄遣いをせず、キャッシュを残すことを経営者は心がけなければなりません。

そして過度な節税策はキャッシュを残すこととは正反対になる点を忘れてはいけません。

▼数字に基づいて未来を語れる

過去に実績を上げている会社は、次に未来の話も聞いてもらえるようになります。未来の話をするときにも、必要なのは数字に基づいた根拠です。漠然とこのビジネスには需要があるとか、将来性があるといった話だけをしていても銀行に対しての説得力はまったくないのですが、それに近い状況で融資を申し込む人は意外と多いのです。

これだけの投資をすれば、これだけの売上が上がる。費用はこれだけかかり、利益はこれだけ残る。その中からこれだけ返済していく。

こういった数字を根拠に基づいてまとめた事業計画書を作成することが必要です。そのうえで、そのためにいくらの融資が必要となると申し出なければなりません。

数字として過去の実績を作ったうえで、未来のことも数字の根拠に基づいて語るのです。

事業計画書は銀行用と自分用の2通を作る

M&A買収をする場合には、M&A後の事業の推移を予測して事業計画書を作成します。5年返済の融資を受けたいなら、5年分の事業計画を策定します。

事業計画書は融資を受けるという目的がなくても、自分の経営を振り返るために必要なものなので、絶対に作成すべきです。

自分は数字に弱いと思っている経営者は、事業計画書を作ることが面倒かもしれません。しかし数字に弱ければ弱いほど、数字を見える化するために、事業計画書を作成すべきなのです。

事業計画書があればそれに照らして経営を振り返りながら、どれだけ予想との差異があったのか、その要因はなんなのかを振り返ることができます。例えば想定より売上が低いかもしれませんし、想定より費用がかかっているかもしれません。では、その原因はなんなのかと考えていくことから経営改善のヒントがつかめます。

事業計画策定の際、M&A後は収益が2~3割落ちることが普通なので、それを踏まえて2~3割の売上減を前提に作成するようにします。どれくらい減ると見込むかは、その事業によってまちまちなので一概にはいえませんが、安全を重視して厳しめの数字にしておくほうがよいといえます。ただし、それは自分用の事業計画書の場合です。

融資を受けるために金融機関に提出する事業計画書で、悲観的すぎる数字にしては受けられる融資も受けられなくなります。もちろんウソはだめですが、やや楽観的な見通しで作成しておいたほうがよいと思います。

つまり事業計画書は、自分用と金融機関提出用の2通を作成するのです。

赤字会社をM&Aしてはいけない理由

赤字会社はM&A買収すべきではないというのは事業面でのことだけではなく、金融機関との関係においてもいえることです。

赤字会社といっても、たまたま1期だけ赤字になったという場合は別ですが、何年も赤字が続いている場合、貸借対照表の利益剰余金がマイナスになっているはずです。そのマイナス額が膨らんで資本金や資本準備金なども含めた純資産の全体がマイナスになると、債務超過になります。

債務超過の会社は、金融機関からは破綻懸念があると見られます。倒産予備軍といっても過言ではありません。当然、新規の融資は受けられませんし、早期返済を求められる（いわゆる「貸し剥がし」）こともあります。

そのような会社をM&A買収して、子会社にしてしまえば、自社自体は良好な業績・財務の状態であっても、金融機関からの評価は一気に下がってしまいます。

そのため、赤字会社のM&A買収は避けたほうがいいのです。

もし被買収会社に入手したい特別な資産があったり、早期の債務超過解消が見込まれたりするなど、特別な事情があってどうしても買収したい場合は、会社（法人）としてM&Aをするのではなく、経営者個人が自分の資金でM&Aをすべきです。

そうして、既存の会社と一切関係がない状態で経営すれば、既存の会社の信用には影響しません。

銀行のランクアップは長期的なメリットになる

金融機関にもランクがあります。トップは、三菱UFJ、三井住友、みずほのメガバンク3行で、次が地方銀行、そして第二地方銀行、信用金庫、信用組合と続きます。よりランクが上の金融機関のほうが融資金利が低いなど、融資の条件が良くなります。

しかし、いきなりメガバンクに法人口座を持つことは難しく、持てたとしてもプロパー融資（信用保証協会の保証なしで実施される融資）は受けられません。それは会社に信用がないためです。

金融機関に対する信用は、一朝一夕には築けません。

会社（法人）の設立直後であれば、そもそも都市銀行（メガバンク）に、法人口座を開設することすら断られる場合が大半です。新規法人は信用がゼロなので、口座さえ作らせてくれずに門前払いされるのです。

もし脱サラして起業する人が法人設立して金融機関に口座を作るなら、最初は信用金庫などの地域金融機関に行くべきです。それも、1人で行くのではなく、可能な限り紹介者の紹介を得て行ったほうがよいです。

紹介者はその信用金庫に口座のある知り合いの経営者でもいいですし、税理士などの士業でもかまいません。信用金庫では、紹介がなければ口座が開けないということはないと思いますが、それでも紹介を得ることでもともとゼロである自社の信用を多少なりとも補完でき、取引がスムーズになります。

そして日々の取引を続けたり、融資を受けそれを返済したりしていくうちに、信用が築かれていきます。

そしてその実績を持って、第二地銀、地銀、メガバンクと、取引する銀行をランクアップさせていきます。

それに従って融資金利も低下します。現在の金融情勢でも、メガバンクと信用金庫では、融資金利が3〜4%も違うことは珍しくありません。

仮に1000万円の融資を受けて5年返済する場合、利息が3%違えば80万円ほども利払い額が変わってきます。融資額が多くなればなるほど、金利の差は業績に大きな影響を与えるようになります。

そのため、信用を積み重ねて付き合う金融機関をランクアップさせていくことも、会社を成長させていくことには重要な要素なのです。

ネット専業銀行はおすすめできない

なお、手数料が安いとか利便性がいいからといって、新興のネット専業銀行に法人口座を開設する人がいますが、これはおすすめできません。まずネット専業銀行は融資をしてくれないか、したとしても店舗型の金融機関と比べて小さな金額です。また担当者がいないため、担当者との付き合いを通じて信用を強化したり、担当者のノウハウを得て経営に活かしたりすることもできません。信用と融資のスパイラルを築けないのです。

会社を経営していくうえでは、わずか1回数百円の手数料をけちることに、ほとんど意味はありません。それよりも信用と融資のスパイラルを築けないことのデメリットのほうがずっと大きいのです。

個人で利用するにはネット専業銀行は便利ですが、会社の口座は、必ず信用金庫や地銀などの店舗型の金融機関と付き合うべきです。

銀行員と付き合うコツ

少し細かい話になりますが、金融機関やその担当者と付き合う際のコツもあります。

まず、なるべく多くの金融機関に口座を開いて取引することです。信用金庫なら信用金庫同士など同じランクの金融機関なら、どこでもあまり違いはないだろうと思う人もいるかもしれません。確かに、機関として見ればそうなのですが、行員で見ると能力や熱意の差が歴然とあります。

私たちが日本公庫の事業承継・集約・活性化支援資金を受けることができたのは、当時付き合っていた信金の行員が非常に熱心かつ優秀な人物だったことが大きな要因でした。彼でなければ無理だったと思っています。

ただし、金融機関の行員は通常2年で異動になります。したがって、せっかく優秀な行員が担当になっても、しばらくするといなくなってしまうのです。そこで、いくつもの金融機関と付き合いながら、その時々で優秀な行員がいる金融機関との取引を厚くするのです。

また、M&A仲介会社のアドバイザーと付き合ううえではいい買い手になることが大切ですが、金融機関の行員との付き合いにおいても、それとまったく同じことがいえます。

金融機関では決算前など定期的に、融資増額やクレジットカード加入、投資信託販売などのキャンペーンを行います。これはあえて露骨にいうならば、金融機関に「恩を売る」チャンスです。

もちろん、クレジットカードなどすでに何枚も持っているでしょうし、年会費を払う必要もあります。投資信託を買いたいなら、銀行の窓口で買うより、ネット証券で買えば、同じような内容で手数料がもっと低い商品が並んでいます。

しかし、そんなことは行員も分かっているのです。そのうえで頼んでいるのですから、そこに進んで協力することで、しっかりと恩を感じてもらうことができるのです。

そうすれば、いずれこちらが金融機関に対して何かを望んだときには、受け入れられやすくなるはずです。「損して得取れ」という言葉があるとおりで、年会費とか手数料などみみっちいお金を気にするより、金融機関や行員との関係性を良くすることのほうが、ずっと得なのです。

金融機関の頼みは基本的に断らない、特に優秀な行員であれば絶対に断らないようにしたほうがよいです。

M&A買収が節税になる場合もある

▼会社（株式）買収の場合

まず会社（株式）買収の場合は、買い手会社の貸借対照表の資産の部に、子会社株式として計上されます（個別会計）。子会社株式は税務上、取得原価で評価され、償却することができません。

また、連結決算書では買い手会社の資産と被買収会社の資産が合算されて計上されますが、買収時に被買収会社の時価純資産を上回る対価部分があった場合、その金額は「のれん」として資産計上されます。

この連結貸借対照表におけるのれんは、会計上は20年間かけて償却するルールになっていますが、税務上は償却できません。つまり税務上は損金にできないのです。

▼事業買収の場合

事業買収の場合の会計処理は、資産の売買と似た処理になります。

買収した事業の資産については、時価で買い手会社の貸借対照表の資産の部に、その内容に応じて計上されます。

また売買価格にのれん部分があった場合は、同じく資産の部にのれんとして計上されます。会社（株式）売買と異なるのは、税務上のれんについては資産調整勘定とされ、5年かけて均等償却できるという点です。つまり、5年かけて損金として落とせるということで、節税効果につながります。

また買収した資産については、中古資産の耐用年数に基づいて償却できます。これは通常の中古資産を購入した場合と同じで、新品の資産よりも短い年数になります。

さらに事業買収で得た資産は取得価額が時価であり、買収対象会社が減価償却してきたあとの簿価とはなりません。一般的に簿価を基礎に減価償却費を計上するよりも、より多く償却額を計上することができるというわけです。

▼事業買収の総合的なメリット

このように事業買収においては、取得資産やのれんの償却による節税効果が得られることに加えて、包括承継における潜在リスクを回避できるという特徴があります。

そこで単一事業を営む会社の場合、株式買収によって会社買収をするよりも事業買収をしたほうが有利になる場合が多いと思います。

もし会社売却を希望している売り手の会社が単一事業しか営んでいない場合は、事業買収にしてもらえないか、念のために聞いてみてもかまいません。そして売り手に特に異存がないなら、事業譲渡のスキームにすると右のメリットが得られます。

私も基本的には事業買収のスキームにしてもらうように売り手に依頼してきました。

なお、売り手のほうは売買金額が同じなら、株式譲渡でも事業譲渡でもどちらでもいいと考える場合が多いと思います。

累積赤字の会社を買うと節税になるのか？

法人が決算で欠損金（赤字）を出した場合、法人税の税務上その欠損金額はその後10年間にわたって所得額から控除することができます。これを欠損金の繰り越し控除といいます。所得が減れば当然税額も減額されますので、欠損金が出た場合は通常、翌期以降にこれが必ず適用されます。

そこで、繰越欠損金が残っている赤字会社をM&A買収すれば、自社の所得と相殺して、課税を減らせるのではないか、という考えがあります。節税目的で、赤字会社を買おう、というわけです。

これについては3つのパターンが考えられます。

1つ目は、M&Aで買収した会社に繰越欠損金があった場合に、その被買収会社自体の翌期以降の決算が黒字になれば、当然欠損金の繰り越し控除は適用できます。これは通常の制度の適用ということです。もちろん親会社の損益には影響しません。

2つ目は、買収した会社を子会社として別会社のまま経営するのではなく、合併をして自社と1つにした場合で、その合併した会社の繰越欠損金を引き継げる場合があります。ただし、それには「適格合併」という要件を満たさなければなりません。適格合併の要件は複雑であり、そのハードルはかなり高いものとなっています。

最後に、子会社を清算して消滅させるという方法があります。親会社が子会社に100％出資をしてから5年が経過している場合、清算時点で子会社に繰越欠損金が残っていれば、親会社が繰越欠損金を全額引き継ぐことができます。

1つ目は、親会社の損益には影響を与えるものではなく、2つ目と3つ目は親会社の所得を減らせる可能性はありますが、いずれもハードルが高いものです。

赤字会社を子会社にすると、金融機関からの見え方が悪くなり、その後の融資に悪影響を与えます。そのようなリスクをとってまで繰越欠損金で節税するのは、本末転倒といえます。

普通に業績の良い会社や事業を買ってしっかり納税しながら、キャッシュを残していくという考え方のほうが正道であることは、いうまでもありません。

Chapter
5

「ダイヤの原石」を磨く！

「スモールＭ＆Ａ」に欠かせない買収後のマネジメント

M&A投資の成果のアップサイドに上限はない

M&Aによる事業買収は、投資という側面があります。しかし通常の金融投資あるいは不動産投資などと比べても、質的に異なるのは、投資後の買い手の運営によって結果がまったく違ったものになるということです。

上場企業の株式を買った場合、株価が大きく上昇する場合もありますが下落する場合もあります。その動きに対して、個人株主が関与できることはありません。要は、銘柄を選んで買ったらあとは天に祈るしかないのです。

一方、不動産投資の場合は投資とはいっても賃貸事業運営（大家業）という側面があります。つまり、高い家賃を設定できるように工夫をするなど、買い手の関与によって、収益性をある程度コントロールできる部分があるのです。とはいえ、そのエリアの賃料相場というものがありますから、一生懸命工夫をしても収益を2倍、3倍に増やすということは、難しいのが現実です。

その点、M&A買収による事業投資は、成果のアップサイドに制限がありません。自分の経営手腕によって、その事業が伸びれば収益は10倍どころか100倍に増やせる可能性もあります。ここがM&A投資の面白さです。

では、どうすれば事業を伸ばせるのかといえば、それは結局のところ「いい経営をする」ということになり、経営全般の話になってしまいます。もちろん経営全般について常に勉強をすることは大切ですが、M&A後というタイミングに絞った経営改善やマネジメントのポイントもあります。

経営者が現場に立つことで見えてくる経営改善

中小企業では、製品やサービス、業務プロセス、組織管理にも、良くも悪くも社長の〝色〟が出ているものです。M&A後は、前経営者の色だった会社や事業を買い手経営者（自分）の色に変えていかなければなりません。それが業務改善にほかなりません。

そのために買い手経営者は、少なくとも当面の間は自分が現場に赴いて隅々まで自分で管理する必要があります。新規事業は社員任せにしてはだめだということです。

可能な限り現場に立って顧客と接しながら業務のプロセスを確認していけば、どうしてこれはこうしているのだろうという問題点が見つかります。そこを改善していくことで、事業が自分の色に染まっていくのです。

よく経営の理想として「仕組み化」「脱属人化」がいわれます。つまり、管理者がいちいちチェックして口を挟まなくても、誰がやっても同じように業務を回せる仕組みを作るのが理想的だという話です。徹底したオペレーションの仕組み化と、マニュアル化によって、高校生のアルバイトでも初日からほかの人と同じように働けるマクドナルドがその典型です。

しかし、実際に中小企業がそういったオペレーションを目指すことは難しいですし、また必ずしも目指すべき理想であるともいえません。経営者が属人的に管理しているからこそ、柔軟かつ迅速に変化に対応できることは強みにもなるからです。

私がM&A買収したバーは、フードメニューはいわゆる乾き物しか出しておらず、店内で調理はしていませんでした。私は買収時には、調理の手間や食材の原価がかからないことはメリットだと思っていました。しかし実際に店で顧客の声を拾ってみると、実はある程度のつまみを食べたいというニーズが多かったのです。また、酒と乾き物だけだと客単価のアップには限界があります。フードを提供すれば単価アップも図れます。そこである時期からフードメニューも導入することにしました。こうした改善は数字だけを見ていては分からないもので、現場から生まれてくるものです。

取引先、取引条件の見直しは必ず行う

買収した会社の販売先（B to B事業の場合）、また仕入れ先などとの取引関係は、M＆A後に必ずチェックして取引条件を確認する必要があります。

昔からそうしてきたとか、前経営者の知り合いだからといった理由で価格、掛け率、支払いサイトなどの取引条件が、一般的な相場から見て不利な条件になっているということがよくあります。

M＆A後には、経営者が代わったことをすべての取引先に伝えて挨拶をしますので、その際に、可能であれば取引条件の見直しができないか取引先に要望すべきです。販売先の場合は難しいと思うかもしれませんが、幸いなことに現在は世の中全体が物価上昇の時代です。「原材料やエネルギーも高騰している時代なので、経営者交代を機に、条件を見直していただけないでしょうか」と切り出せば、案外スムーズに対応してくれるところもあるはずです。

また、仕入れ先に対しては特別なものを仕入れていない限り、条件の見直し交渉はしたほうがよいです。

私が買収したバーでは、酒を仕入れていた問屋に対して現金払いをしていました。今どき現金払いでは、こちらの負担が大きいので掛け買いにしてほしいと頼みましたが、問屋は「昔からこうしているので変更できない」の一点張りです。仕方ないので掛けで販売してくれる別の問屋に仕入れ先を変更しました。

このような条件変更を少しずつ積み重ねるだけで、経営状態はかなり改善していくものです。

最も重要な経営資源は人材

中小企業の経営にとって、最も重要な資源は人材です。これは以前からそうでしたが、特に現在の、そして今後も続くであろう人材不足の時代には、人材の希少性と重要性が高まっています。

人材を買うという観点で、社員のいる会社のM&A買収がされることもよくあります。人材が第一の目的ではなかったとしても、社員がいればそのまま働いてもらうことは基本です。

その際、マネジメントの観点で注意しなければならないのは、社員に対する影響力が強い経営者の場合は、その経営者が抜けることで社員の士気が下がることがある点です。

通常、M&Aで会社を譲渡する売り手が事前に社員に相談をすることはありません。相談するとしても、一部の役員などだけです。そしてM&A契約がクロージングしたあとに、「実は、

M＆Aをしました」と、全社員に対して公表します。

会社のM＆A売却をすれば売り手の社長は多額の対価を受け取ってリタイアしたり、別事業を始めたりします。そのため社員にとっては、自分たちが売られたとか捨てられたという気持ちになりがちです。極端にいえば裏切られたと感じることもあります。そのような気持ちのままでは、士気も下がり、業務に対しての取り組み意欲も減退します。

そこで買い手経営者がM＆A後に最初にやるべき重要事項は、経営者としての自分の思いを、M＆Aした社員に対してしっかりと伝えることです。

- どんな理想を目指して経営していくのか、どんな価値を社会に提供したいかという、経営理念やビジョン
- どのような気持ちで、その会社や事業を引き継いだのか、理由や背景
- 社員に対して、どのように働いてほしいか、どんな存在になってほしいかという思い

そういったことを、自分の言葉でしっかりと説明します。

それも1回話しておしまいではありません。朝礼でもいいですし、月例の反省会でもいいですが、折に触れて何度も繰り返し話します。何度も繰り返して伝えなければ、社員には絶対に浸透しません。

会社によっては、「クレド」といって、経営者が大切にしていて、社員にも共有してもらいたい価値観や行動規範を簡潔に表した言葉をまとめて、冊子などにして社員に配っていることもありますが、そういった形で渡すのも一つの手です。

このようにして、社員と価値観を共有し、同じ方向を向いて仕事ができるような状態を整えていきます。こういう言い方が適切かどうか分かりませんが、社員についても、前経営者の色から、自分の色に染め直すことが重要なのです。

人材が集まりやすい業種を選ぶという考え方もある

なお逆方向の考え方ですが、M&A買収をする業種を選ぶ際には、人材が集まりやすい業種を選ぶという考え方も、一つの基準になります。例えば建設業や運輸業では、いわゆる「2024年問題」（時間外労働時間の上限規制の導入）もあって、今でも人手不足倒産が増加しています。建設や運輸に限りませんが、3Kと呼ばれて若い世代に不人気の業種では、今でさえ難しい人材獲得が今後はますます困難になることが想定されます。

一方で飲食などは若い人にも比較的人気があり、スタッフを採用しやすい事業です。

M＆A買収をする際には、この事業で働き手が集まるかどうかという観点から選ぶことも一つのポイントだと思います。

待遇や労働条件は、最低でも以前と同等、できればそれ以上にする

新しい経営者の理念や価値観を社員に理解・共有してもらうことは大切ですが、それに加えて、自分たちにも実際的なメリットがあると感じてもらうことが、士気を引き上げます。

会社買収の場合は、社員との雇用契約はそのまま継続されるだけなので、待遇などの条件もそのまま継続されることが原則です。

また事業買収の場合は、社員と新たに雇用契約を結び直すことになりますが、その場合も、以前と同等の待遇にすることは最低限必要です。

しかし可能であれば、どこかの部分で以前よりも待遇を向上させることを意識したいものです。給与を引き上げるとか昇給幅を上げるといったことが最も分かりやすいですが、原資がなくて難しいのであれば、休日を増やすとか、勤務時間を柔軟にするといった費用のかからない施策でもかまいません。

前の会社よりも良くなったということが、社員にもはっきり分かる部分を作ることで、気持ちよく働いてもらうことができます。

M&A後の仕事になじめない社員がいる場合

M&A前から働いている社員は、買い手経営者が自分で採用した社員ではないため、なかには社風に合わないと感じる社員がいることもあります。

しかし社員はよほどのことがない限り解雇はできません。社風に合わないといった程度では絶対に解雇できません。解雇ができる要件は法律で厳しく定められているからです。

ではM&A前から働いている社員のなかに問題のある社員がいる場合はどうすればよいかというと、これは問題の内容にもよります。明らかな違法行為などをしている場合は解雇の対象になると考えられますが、単に、社風に合わないとか、仕事ができないといったレベルであるなら、まずは経営者が代わったので、以前とは働き方も変えてもらわなければならないことを丁寧に説明して、勤務態度の改善を求めます。また、改善しろというだけではなく必要に応じて教育や研修も実施しなければなりません。時間をかけて教育や研修をしても勤務態度が改まらない場合は、話し合いのうえで納得して辞めてもらう退職勧奨をすることはできます。

ただし退職勧奨はあくまで、本人に納得して辞めてもらうものなので、解雇のような強制はできません。もし強制だととらえられると違法解雇になる恐れがあります。退職勧奨はデリケートな部分が多い行為なので、労働問題に詳しい弁護士や、社会保険労務士に相談してから実施することが望ましいです。

悪しき慣習は必ず断つ

中小企業では、コンプライアンス上問題のある待遇や勤務条件となっていることがあります。以前の待遇や勤務条件を引き継ぐことは原則ですが、そのような問題のある待遇については引き継ぐことはせずに、適法な状態にしなければなりません。

よくあるのは、時間外労働の未払い、サービス残業です。例えば出勤簿には15分単位で記載し15分未満は切り捨てるように指導していることはよくありますが、これは違法です。勤務時間は1分単位で計測する必要があります。

また、勤務時間は9時からなのに実際は30分前に出勤しなければならない慣習になっているといったこともあります。その30分は当然時間外労働（早出）となりますが、時間外労働としてカウントしていない会社もあります。そういった場合も改めなければなりません。

また勤務実態は完全に従業員であるにもかかわらず、社会保険料を支払いたくないなどの理由で、雇用契約を結ばずに業務請負の個人事業主として働かせているという会社も、まれにあります。これは完全に労働基準法違反ですので、もし以前はそのような形だったとしても、M&A後は正式に雇用契約を結んで正規社員や契約社員などとして働いてもらうようにしなければなりません。

あるいは社員として雇用契約は結んでいるのだけれども、社会保険には加入していないという会社もあります。この場合は社会保険に入らないほうが手取りが増えることから、社員自身が納得していてM&A後もそれを希望するケースもあります。しかし、やはり違法ですのできちんと社会保険に加入する必要があります。

もし社員がどうしても社会保険に加入することがいやだから辞めるといえば、残念ですが辞めてもらうしかありません。違法な状態を放置することのリスクのほうが大きいからです。

M&Aは買収される企業・事業も、職場の社員の顔ぶれは変わらずとも新しい企業になります。そのタイミングを逃さず、契約を見直し、フレッシュな気持ちで社員が仕事をできる環境・雰囲気作りも大切で、こういったことも私はM&Aの仕事の一つだと考えています。

おわりに

本書の原稿執筆中、M&Aではないゼロからの新規事業として、「お酒の美術館」というフランチャイズでバーを3軒開業しました。うち1軒は福岡空港内という抜群の場所です。新規事業で店を開いたのは久しぶりだったのでそれはそれで面白かったのですが、M&Aでの開業との大きな違いも感じられました。

それは手間の面でも時間の面でも資金の面でも、M&A開業のほうが圧倒的に進めやすいということです。「楽」といってもいいかもしれません。もちろん経営が簡単という意味ではありません。事業を運営して利益を上げていくことは、新規開業でもM&A開業でも同じように大変ですが、本格的に走り出すまでの〝助走期間〟が、M&Aのほうが圧倒的に短くて楽なのです。久しぶりの新規開業をしたことで、M&Aの良さを改めて再認識させられました。

私は特別な技術を持っていたり画期的なビジネスモデルを発案したりした起業家ではありません。どこにでもある普通の事業だけをしてきた、ある意味で平凡な中小企業の社長です。

しかしそんな平凡な中小企業が、２０２１年から3年ほどの間に売上としては約5倍、社員数は約10倍に成長しました。かなりの高成長だと自負していますが、それが実現できたのは、その３年間に8件の会社・事業をM＆Aで買収してきたからにほかなりません。もしM＆Aという手段を知らずに、既存事業とゼロからの新規事業だけをしていたら、とてもこれだけの成長はできなかったと思います。

企業というのは、現状維持では衰退するだけであり、常に成長を求めなければ生き残れないというのが私の信念です。M＆Aは私たちの成長に大いに役立ってくれました。

そこで、私と同じように成長を求める中小企業経営者や脱サラ起業を目指す方にも、ぜひM＆Aの魅力ややり方を知ってもらいたいと考えて、本書を執筆しました。

以前より身近になったとはいえ、やはり実際にM＆Aに取り組もうと思ったときには、分からないことや心配なことがたくさん生じます。特にスモールM＆Aの場合はM＆A仲介会社のアドバイザーにも相談しにくいため、なおさらです。本書はそういう方に役立てていただきたいと思いますが、本だけでは伝えきれないこともたくさんあります。そこで、M＆Aを考える方の相談に乗り、疑問にお答えするサービスを提供することも考えています。興味のある方は、私たちのウェブサイトをご覧ください。

本書をきっかけにして、M＆Aを身近に感じていただけたとしたら幸いです。最後まで読んでいただき、ありがとうございました。

栗山茂也（くりやま・しげや）
株式会社グロウイング代表取締役
地元和歌山の公立高校卒業後、ファッションモデルや自動車ディーラーを経て1997年に独立し、2005年30歳で現在の前身である有限会社グロウイングを設立。子会社合併などを経て、2016年に株式会社グロウイングに商号変更。

▼HPはコチラ

本書についての
ご意見・ご感想はコチラ

中小企業を成長に導く
スモールM＆A戦略

2024年7月31日　第1刷発行

著　者　　栗山茂也
発行人　　久保田貴幸

発行元　　株式会社 幻冬舎メディアコンサルティング
〒151-0051　東京都渋谷区千駄ヶ谷4-9-7
電話　03-5411-6440（編集）

発売元　　株式会社 幻冬舎
〒151-0051　東京都渋谷区千駄ヶ谷4-9-7
電話　03-5411-6222（営業）

印刷・製本　中央精版印刷株式会社
装　丁　　秋庭祐貴

検印廃止

ISBN 978-4-344-94821-1 C0034
幻冬舎メディアコンサルティングＨＰ
https://www.gentosha-mc.com/